Rudolph Weigel, Rudolph Weigel

Katalog des berühmten Werkes von Daniel Chodowiecki

Rudolph Weigel, Rudolph Weigel

Katalog des berühmten Werkes von Daniel Chodowiecki

ISBN/EAN: 9783743436565

Hergestellt in Europa, USA, Kanada, Australien, Japan

Cover: Foto ©ninafisch / pixelio.de

Manufactured and distributed by brebook publishing software (www.brebook.com)

Rudolph Weigel, Rudolph Weigel

Katalog des berühmten Werkes von Daniel Chodowiecki

RUDOLPH WEIGEL'S KUNST-AUCTION.

CATALOG

des

berühmten Werkes

von

Daniel Chodowiecki

und

Originalzeichnungen desselben Meisters

gesammelt

von dem verstorbenen k. preuss. Hoflieferanten in Berlin,

Herrn A. G. Thiermann,

welche

nebst einer Anzahl schöner Kupferstiche anderer Meister, als: R. Earlom, W. Woollett u. s. w.

aus demselben Nachlasse,

Dienstag den 10. Juni 1862

und folgende Tage

zu Leipzig

(im R. Weigel'schen Kunst-Auctions-Lokal, Königsstr. No. 1)

durch

Herrn Raths-Proclamator Engel

gegen baare Zahlung in Courant öffentlich versteigert werden.

Leipzig,

Druck von Bär & Hermann.

1862.

Leipziger Kunstauctionen.

Der Unterzeichnete übernimmt und besorgt den Verkauf sowohl grosser Sammlungen als kleiner Beiträge von Kupferstichen, Handzeichnungen, Oelgemälden, Kunstbüchern etc. durch Auctionen, welche unter seiner Garantie von dem verpflichteten Proclamator abgehalten werden. Das Vertrauen, welches während fünfundsiebenzig Jahren Käufer und Verkäufer den von ihm und seinen Vorfahren veranstalteten Auctionen schenkten, beruht vor allem auf der gewissenhaften Anfertigung der Cataloge und pünktlichen Ausführung der Aufträge. Diejenigen öffentlichen Kabinette und Kunstfreunde, welche Doubletten oder Sammlungen versteigern lassen wollen, belieben sich der Bedingungen wegen an ihn zu wenden.

Rudolph Weigel.

Zur gef. Beachtung.

Die Versteigerung geschieht gegen baare Zahlung und werden die auswärtigen Käufer ersucht, ihre Commissionaire mit Baarkasse zu versehen.

Aufträge erbittet man sich spätetens 8 Tage vor der Versteigerung, doch macht man aufmerksam, dass denselben entweder ein Theil des muthmasslichen Erstehungsquantums baar oder Accreditive auf hiesige Banquierhäuser beizufügen sind, oder auch dass durch Postvorschuss der Betrag des Erkauften nachgenommen werden darf, ohne welche Sicherheitsstellung jene unberücksichtigt gelassen werden.

Es wird ferner ersucht, die Preise bei den Aufträgen genau zu bestimmen, da es bei den vielen Commissionen zu oft in Verlegenheit führt, wenn approximative Gebote gethan werden; wenn ein Gebot um wenige Groschen nicht überschritten worden, ist keineswegs anzunehmen, dass es der Auftraggeber deshalb erlangt haben würde, sondern dass höhere Limiten vorlagen, und versteht es sich ohnehin von selbst, dass derjenige welcher das höchste Gebot gethan, die betreffende Nummer auch nur erhalten und verlangen kann.

Nachstehende Buch- und Kunsthandlungen übernehmen Aufträge:

Aachen	Cremer'sche Buchhandlung.
Altenburg	Schnuphase'sche Buchhandlung.
Altona	A. Lehmkuhl & Comp.
Amsterdam	F. Buffa & fils. — J. H. A. Jonkers. — F. Müller
Arnsberg	W. von Schilgen.
Augsburg	Birett's Antiq.-Buchhandlung. — F. Ebner.
Baireuth	C. Giessel.
Bamberg	Buchner'sche Buchhandlung.
Basel	H. Amberger. — H. Fischer & Comp. — J. L. Fuchs & Comp. — Neukirch'sche Buchhandlung.
Berlin	Amsler & Ruthardt. — Besser'sche Buchhandlung. — A. Burmeister. — A. Edinger. C. G. Ende. — Enslin'sche Buchhandlung. — Kunstantiquariat von G. Heubel. — J. F. Linck. — E. Mecklenburg. — Mittlersche Sortiments-Buchh. — Nicolai'sche Sortiments-Buchhandlung. — Oehmigke's Buchhandlung. — Gebr. Rocca. — Jos. Rocca. — Schneider & Comp. — E. H. Schroeder, — J. A. Stargardt.

Bernburg	A. Schmelzer.
Bonn	A. Marcus.
Braunschweig . . .	E. Leibrock. — G. C. E. Meyer sen.
Bremen	A. D. Geisler'sche Buch- u. Kunsthdg. — J. G. Heyse's Sort.-Buchh. — H. L. J. Kraus. — Kühtmann & Comp. — H. Strack.
Breslau	Gosohorsky's Buchhandlung. — F. Hirt. — W. G. Korn. — J. Max & Comp. — Trewendt & Granier.
Brüssel . .	B. van der Kolk. — C. Muquardt.
Cassel	Bertram'sche Buchhandlung. — H Jungklaus
Coburg	Meusel & Sohn.
Cöln	Du Mont Schauberg'sche Buchhandlung. — J. M. Heberle. — G. Honnef. — Rommerskirchen's Buchh. — Schmitz's Sort.-Buchh.
Copenhagen . .	G. E. C. Gad. — Th. Lind. — Lose & Delbanco. — C. A. Reitzel's Buchh.
Cracau . . .	D. E. Friedlein.
Crossen . . .	P. Ehrlich & Comp.
Danzig . . .	Th. Bertling. — L. G. Homann's Buchhandlung. — B. Kabus'sche Buchhandlung.
Dorpat	E. J. Karow.
Dresden	E. Arnold. — Fr. v. Boetticher. — E. Geller. — F. C. Janssen. — Frau Lotzmann, Schlossgasse Nr. 33. — A. Reichel. — G. Schönfeld.
Düsseldorf .	J Buddeus'sche Buchhandlung. — Ad. Gestewitz — A. W. Schulgen.
Elbing	Neumann-Hartmann.
Erfurt	C. Villaret.
Florenz	L. Bardi.
Frankfurt a. M. . .	Jos. Baer. — H. Keller. — F. A. C. Prestel. A. Voemel. — K. Th. Völcker.
Frankfurt a. d. O. . .	G. Harnecker & Comp.
Gent	C. Muquardt.
Görlitz	C. A. Starke.
Gotha	Ferd. Hennings. — E. F. Thienemann.
Göttingen	Dieterich'sche Buchhandlung.
Haag	M. Nijhoff. — A. G. de Visser.
Hagen	Gust. Butz.
Halle	Lippert'sche Buchhandlung. — H. W. Schmidt's Sortiments-Buchhandlung.
Hamburg	B. S. Berendsohn. — Commeter'sche Kunsthandlung. — Hoffmann & Campe. — Makler C. Meyer. — Perthes, Besser & Mauke.
Hannover .	Hahn'sche Hofbuchhandlung. — Helwing'sche Hofbuchhandlung. — Gustav Krüger. — V. Lohse. — H. Oppermann. — C. Schrader's Nachfolger.
Heidelberg . . .	Adolph Emmerling.

Innsbruck	F. Unterberger.
Kiel	Th. Klose. — Schwers'sche Buchhandlung. — Universitäts-Buchhandlung.
Königsberg in Pr. . .	Bon's Buchhandlung. — Gräfe & Unzer.
Leyden	E. J. Brill.
London	P. & D. Colnaghi. — E. A. Evans & Sons. — D. Nutt. — Williams & Norgate.
Lübeck	Dittmer'sche Buchh. — von Rohden'sche Buchh.
Lüttich	Ch. Gnusé. — Ch. van Marck.
Magdeburg	E. Baensch. — F. Kaegelmann.
Mailand	T. Laengner.
Mainz	G. Frommann. — V. v. Zabern.
Mannheim	Artaria & Fontaine.
Minden	Keiser & Comp.
München	J. Aumüller. — Max Brissel. — F. Gypen. — Mey & Widmayer. — L. von Montmorillon. — Antiquar Dr. G. K. Nagler. — M. Ravizza.
Münster	Coppenrath'sche Buchhandlung. — Theissing'sche Buchhandlung.
Neapel	A. Detken.
Neisse	J. Graveur.
Neustrelitz	G. Barnewitz.
Nordhausen	F. Förstemann's Buchhandlung.
Nördlingen . . .	C. H. Beck'sche Buchhandlung.
Nürnberg	F. Heerdegen. — Riegel & Wiessner. — J. A. Stein.
Oldenburg	Schulze'sche Buchhandlung. — G. Stalling.
Paderborn	W. Crüwell. — F. Schöningh. — J. Wesener. — L. D. Winkler.
Paris	Clement. — A. Franck. — Guichardot. — A. W. Schulgen — E. Tross.
St. Petersburg . . .	Ed. Minlos.
Posen	J. Lissner.
Prag	Calve'sche Buchhandlung. — Ehrlich's Buchhandlung. — F. Rziwnatz.
Regensburg	A. Coppenrath. — G. J. Manz.
Rendsburg	F. A. Oberreich's Buchhandlung.
Riga	N. Kymmel.
Rostock	Stiller'sche Hofbuchhandlung.
Rotterdam	Ad. Baedecker.
Schaffhausen	Hurter'sche Buchhandlung.
Schweidnitz	L. Heege.
Schwerin	A. Hildebrand. — Stiller'sche Hofbuchhandlg.
Sondershausen . . .	G. Bertram.
Stettin	Müller'sche Buchhandlung. — F. Nagel.
Stockholm	A. Bonnier. — Levertin & Sjoestedt. — Samson & Wallin.
Stralsund	C. Hingst.
Strassburg	J. Noiriel. — Treuttel & Würtz.
Straubing	Schorner'sche Buchhandlung.
Stuttgart	A. Liesching & Comp. — J. Weise.
Triest	H. F. Münster. — H. F. Schimpff

Tübingen	L. F. Fues'sche Buchhandlung.
Turin	Herm. Loescher.
Utrecht	T. de Bruyn. — W. F. Dannenfelser. — Kemink & Sohn.
Venedig	H. F. & M. Münster.
Verona	H. F. Münster.
Warschau	A. Gebethner & Wolff. — H. Natanson.
Weimar	W. Hoffmann.
Wien	Artaria & Comp. — C. Gerold's Sohn. - Lechner's Universitäts - Buchhandlung. — Miethke & Wawra. — L. T. Neumann. — F. Paterno.
Wriezen	E. Roeder.
Würzburg	Stahel'sche Buchhandlung.
Zürich	Cramer & Lüthi. — F. Hanke. — S. Höhr — F. Schulthess.

In **Leipzig** übernehmen Aufträge:

Herr Kunsthändler C. G. Börner. — Herr Proclamator H. Engel. — Die Herren Buchhändler H. Fritzsche, H. Hartung, Kirchhoff & Wigand, K. F. Köhler, R. Kössling, List & Francke, C. H. Reclam sen. — Herr Kunsthändler L. Rocca. — Die Herren Buchhändler O. A. Schulz, F. Voigt, L. Voss, T. O. Weigel. — Die Herren Antiquitätenhändler Zschiesche & Köder und der Unterzeichnete:

Rudolph Weigel.

Nach jeder dieser Kunstauctionen sind gedruckte **Versteigerungspreislisten** für $2^{1}/_{2}$ Ngr. zu haben.

Kupferstiche.

Bildnisse des Künstlers.

1. Portrait des Meisters mit der Brille. A. Graff p. F. Arnold sc. fol. 1. Abdruck vor Jacoby's Adresse. E.*) 2.
2. Dasselbe. Ebenso, bis zum Plattenrand beschnitten. E. 2.
3. Dasselbe von der Gegenseite. A. H. Riedel sc. Radirt. 8. E. 13.
4. Dasselbe. Medaillon mit Beiwerken. C. Schule sc. 8. E. 5.

1757.

*5. Le passe dix oder der Würfler. 1.**)
*6. Dasselbe.
*7. Dasselbe.
*8. Dasselbe, über den Plattenrand beschnitten.
9. Dasselbe. Copie von F. C. Geyser.
10. Dieselbe.

---

*) Die beigefügten Nummern verweisen auf: Daniel Chodowiecki's sämmtliche Kupferstiche. Beschrieben, mit historischen, literarischen und bibliographischen Nachweisungen, der Lebensbeschreibung des Künstlers versehen von Wilhelm Engelmann. Mit 3 Kupfertafeln: Copien der seltensten Blätter des Meisters enthaltend. Leipzig 1857. Nachträge (aus dem Archiv für die zeichnenden Künste, 6. Jahrgang). Leipzig 1860. Vergleiche auch: Chodowiecki's Kupferstiche, nach Engelmann geordnet und mit Preisen versehen (aus Rud. Weigel's Kunstcatalog 28. Abth. Leipzig 1857).

**) Die seltenen, sehr seltenen und äusserst seltenen Blätter und Abdrücke sind mit * bezeichnet.

11. Dieselbe, der Name ausgeschnitten.
12. Dasselbe. 2. Copie von F. C. Geyser. Bis zum Stichrand beschnitten, der Schriftrand ganz fehlend.
13. Dieselbe, ebenso.
*14. Der alte lesende Bauer. 2.
*15. Dasselbe.
16. Dasselbe. 2. Copie von F. C. Geyser.

1758.

*17. Das alte singende Weib. 3.
*18. Dasselbe.
19. Dasselbe. 2. Copie von F. C. Geyser. Beschnitten.
20. Husaren und Mönche. 4. I.)
*21. Dasselbe. II.
22. Dasselbe. Copie von F. C. Geyser.
23. Dieselbe. Neuer Abdruck.
24. Demoiselle Quantin am Thorwege. 5.
25. Dasselbe.
26. Dasselbe, früherer Abdruck, aber verschnitten.
27. 3 Bl. Dasselbe. Verfälschte Abdrücke auf blau Papier, Schönheitspflästerchen und Schlüsseln.**) E. 1, 2 und 3.
28. Der Bauernjunge mit verbundenem Gesichte. 6.
29. Dasselbe.
30. Dasselbe.
31. 4 Bl. Dasselbe. Verfälschte Abdrücke. E. 1—4.
32. Der Betteljunge bei dem Baume. 7.
33. Dasselbe.
34. Dasselbe.
35. 2 Bl. Dasselbe. Verfälschte Abdrücke. E. 1 u. 2.
36. Der Betteljunge bei dem Thorwege. 8.
37. Dasselbe.
38. Dasselbe.
39. 3 Bl. Dasselbe. Verfälschte Abdrücke. E. 1, 2 und 3.

---

*) Die römischen Ziffern bezeichnen die in W. Engelmann's Katalog aufgeführten Abdrucksgattungen.

**) Ueber diese verfälschten Abdrücke, an welchen der Künstler selbst durchaus keinen Antheil hatte, siehe die ausführliche Mittheilung

*40.	Dasselbe.	Aetzdruck mit Verfälschung. E. 4. *)
41.	Friedrich der Grosse zu Pferde. 9.	
42.	Dasselbe.	
43.	4 Bl. Dasselbe. Verfälschte Abdrücke. E. II. 1—4.	
*44.	Dasselbe. 1. Aetzdruck, vom Künstler selbst bezeichnet. E. a.	
*45.	Dasselbe. 2. Aetzdruck, ebenso. E. b.	
46.	Die beiden stehenden Damen. 10.	
47.	Dasselbe.	
48.	Dasselbe. Matter.	
49.	Dasselbe, ebenso.	
50.	Dasselbe, ebenso.	
*51.	Dasselbe. Alter rothbrauner Abdruck.	
*52.	Dasselbe. 1. Aetzdruck.	
53.	4 Bl. Dasselbe. Verfälschte Abdrücke.	
54.	Die beiden sitzenden Damen. 11.	
55.	Dasselbe.	
56.	Dasselbe. Späterer Abdruck, wie die Folgenden.	
57.	Dasselbe.	
58.	Dasselbe.	
59.	Dasselbe.	
60.	4 Bl. Dasselbe. Verfälschte Abdrücke. 1 u. 2, a. b.	
*61.	Die russischen Gefangenen. 12. I.	
62.	Dasselbe. II. b.	
63.	Dasselbe. Verfälschter Abdruck.	
*64.	Dasselbe. 1. Aetzdruck, vom Künstler selbst bezeichnet.	
*65.	Dasselbe. 2. Aetzdruck, ebenso und mit Bleistift retouchirt.	
66.	Dasselbe. Copie von Schellenberg, abgeschnitten.	
*67.	Der kleine l'Hombretisch. 13. II.	
*68.	Dasselbe.	
*69.	Dasselbe.	
*70.	Dasselbe. Matter.	
*71.	Dasselbe. Oben links etwas eingetuscht.	
*72.	Dasselbe. Aetzdruck. (NB. s. auch No. 120, der grosse l'Hombretisch.)	

hierüber in Engelmann's Katalog S. XVIII—XXII., wo auch bei jeder Nummer die verfälschten Einfälle einzeln beschrieben sind.

*) Selbst bei solchen schönen und seltenen Aetzdrücken haben die Fälscher sich nicht gescheut, betrügerische Einfälle einzudrucken!

4   1758 und 1759.

* 73 a. Gesellschaft von sechs Damen mit dem Künstler. 14.
        I. a. Fleckig.
* 73 b. Dasselbe. I. b.
  74 a. Dasselbe. II.
  74 b. Dasselbe.
  75.   Dasselbe. Matter.
  76.   Dasselbe. Matter.
  77.   Dasselbe. Matter.
  78.   Dasselbe. Verfälschter Abdruck.
  79.   Die beiden sitzenden Damen. 15.
  80.   Dasselbe.
  81.   Dasselbe.
  82.   Dasselbe.
  83.   Dasselbe.
  84.   Dasselbe.
  85.   Dasselbe.
  86.   3 Bl. Dasselbe. Verfälschte Abdrücke. 1, 2 und 3.
  87.   Das Studienblatt. 16. 1. Copie.
  88 a. Dieselbe, roth gedruckt.
  88 b. Dasselbe. 2. Copie.
  89.   Dasselbe.
  90.   Dasselbe.
  91.   Dasselbe.
  92.   Dasselbe.
  93.   Dieselbe. Aetzdruck, die Platte grösser.

1759.

* 94. Die schlafende Frau, nach Rembrandt. 17. II. Rothbraun gedruckt.
* 95. Dasselbe. Die Namen der Künstler ausradirt.
* 96. Dasselbe. Mit verstärkter Einfassungslinie.
* 97. Dasselbe. Ebenso.
  98. 2 Bl. Dasselbe. Die abgeschnittene Platte und eine Verfälschung.
  99. Dasselbe, grosse Platte. Copie.
      NB. s. auch No. 156.
* 100. Die Landschaft, nach Rembrandt. 18. I. Vor der Schrift.
* 101. Dasselbe. Aufgezogen, mit ausgebessertem Riss, ein Theil des Unterrandes abgeschnitten.
* 102. Dasselbe. II.

*103. Dasselbe.
*104. Dasselbe.
*105. Dasselbe, bis zum Plattenrand beschnitten.
*106. Dasselbe, braun gedruckt.
*107. Dasselbe. Aetzdruck.
*108. Titelkupfer zu den Psalmen. 19. I. Vor der Schrift. Bis zum Stichrand beschnitten.
*109. Dasselbe. II.
*110. Dasselbe. III.
111. Dasselbe. Gegendruck vom Künstler selbst bezeichnet.
112. Dasselbe. Ohne diese Bezeichnung.
*113. Die Dame mit dem Muff.. In Schwarzkunst. 20.
114. Dasselbe. 2. Copie.
115. Dieselbe.
116. Dieselbe.
117. Dieselbe.

1763.

*118. Der Friede bringt den König wieder. 21. Mit „Mars."
*119. Dasselbe. Mit „Aprill." Der Druck schöner.
*120. Der grosse l'Hombretisch. 22. I. Auf der Rückseite der Aetzdruck von No. 13, der kleine l'Hombretisch.
*121. Dasselbe. II.
122. Dasselbe. 2. Copie.
123. Dieselbe.
124. Dieselbe. Beschnitten.
125. Dieselbe. Verschnitten.
126. Dasselbe. 3. Copie.
127. Dieselbe.
*128. Die vier Damen am Fenster. 23. II.
129. Dasselbe. Copie.
130. Dieselbe.
131. Dieselbe.
132. Dieselbe, auf Chines. Papier.

1764.

133. Die Kinderstube des Künstlers. 24. II.
134. Dasselbe.

135. Dasselbe.
136. Dasselbe.
137. Dasselbe.
138. 2 Bl. Dasselbe. Verfälschte Abdrücke. 1 u. 2.
*139. Dasselbe. Aetzdruck.
140. Sechs Türken zu Pferd. 25. Vom Künstler eigenhändig bezeichnet.
141. Dasselbe.
142. Dasselbe.
143. Dasselbe.
144. Dasselbe. Fleckig.
145. 4 Bl. Dasselbe. Verfälschte Abdrücke. 1—4.
146. Viehstück, nach C. W. E. Dietrich. 26.
147. Dasselbe.
148. Dasselbe.
149. Dasselbe.
150. Dasselbe. Fleckig.
151. Dasselbe. Bis nahe an den Stichrand beschnitten.
152. 6 Bl. Dasselbe. Verfälschte Abdrücke. E. 1—6.
153. 6 Bl. Dergleichen. E. 7—12.
*154. Dasselbe. 1., vom Künstler bezeichneter Aetzdruck.
*155. Dasselbe. 3., vom Künstler bezeichneter Probedruck.
*156. Dasselbe. 2. Probedruck, auf der Rückseite No. 17. Vor aller Schrift.
157. Die Bettelfrau mit den beiden Kindern. 27.
158. Dasselbe.
159. Dasselbe.
160. 3 Bl. Dasselbe. Verfälschte Abdrücke. 1, 2 u. 3.
*161. Dasselbe. Aetzdruck, vom Künstler selbst bezeichnet.
162. 2 Bl. Dasselbe und No. 28. auf einem Bogen.
163. Das Soldatenweib. 28.
164. Dasselbe.
165. Dasselbe, mit Plattengrat.
166. 7 Bl. Dasselbe. Verfälschte Abdrücke. 2—8.
*167. Dasselbe. 1. Aetzdruck, vom Künstler selbst bezeichnet.
168. Die Landschaftsstudie mit Hütten. 29.
169. Dasselbe.

170. Dasselbe.
171. Dasselbe.
172. 2 Bl. Dasselbe und No. 30 auf einem Bogen.
173. Dasselbe. Verfälschter Abdruck.
174. Die Landschaftsstudie mit Thor. 30.
175. Dasselbe.
176. Dasselbe.
177. Dasselbe.
178. Dasselbe. Verfälschter Abdruck.
*179. Dasselbe. Aetzdruck, vom Künstler auf dem Untersatzbogen bezeichnet.
180. Die strickende Frau. 31.
181. Dasselbe. Matt.
182. Dasselbe. Verfälschter Abdruck.
183. Die Bettelfrau. 32.
184. Dasselbe.
185. 6 Bl. Dasselbe. Verfälschte Abdrücke. 1 — 5. (1 ist doppelt.)
*186. Dasselbe. 1. Aetzdruck, vom Künstler selbst bezeichnet.
187. Das junge Mädchen. 33.
188. Dasselbe.
189. 2 Bl. Dasselbe und No. 34 auf einem Bogen; letzteres verfälscht. E. 2.
190. 2 Bl. Dieselben.
191. 2 Bl. Dieselben. Verfälschte Abdrücke. E. 1 u. 2.
*192. Dasselbe. Aetzdruck, jedoch von der grossen Platte abgeschnitten.
193. Die Bauernfrau. 34.
194. Dasselbe.
195. Dasselbe. Verfälschter Abdruck. E. 1.
*196. Dasselbe. Aetzdruck von der grossen Platte.
197. Drei Damen am Fenster. 35.
198. Dasselbe.
199. Dasselbe.
200. Dasselbe.
201. Dasselbe.
202. Dasselbe.
203. Dasselbe.
204. 2 Bl. Dasselbe. Verfälschte Abdrücke. E. 1 u. 2.
205. Das lesende Kind. 36.
206. Dasselbe. Verfälschter Abdruck.

207. Die beiden Alten und das Kind. 37.
208. Dasselbe.
209. Dasselbe.
210. 5 Bl. Dasselbe. Verfälschte Abdrücke. E. 1—5.
211. Der Knabe beim Bratenwender. 38.
212. Dasselbe.
213. Dasselbe.
214. 5 Bl. Dasselbe. Verfälschte Abdrücke. E. 2—5.
*215. Dasselbe. Aetzdruck, vom Künstler selbst als solcher bezeichnet, verfälscht s. E. 1.
216. Das Brandenburger Thor. 39.
217. Dasselbe.
218. Dasselbe.
219. 4 Bl. Dasselbe. Verfälschte Abdrücke. E. 1—4.
220. Das ausländische Weib. 40.
221. 2 Bl. Dasselbe nebst No. 41 auf einem Bogen.
222. Dieselben.
223. Dieselben.
224. 3 Bl. Dieselben. Verfälschte Abdrücke. E. 1—3.
*225. Dasselbe. 1. Abdruck von der grössern Platte, von No. 41 abgeschnitten.
226. Die Frau mit den beiden Kindern. 41.
227. 3 Bl. Dasselbe. Verfälschte Abdrücke. E. 1—3.
*228. Dasselbe. 1. Aetzdruck vom Künstler bezeichnet, von der grössern Platte von No. 40. abgeschnitten.
229. Der Türke. 42.
230. 2 Bl. Dasselbe und No. 43. auf einem Bogen.
231. Dieselben.
232. Dieselben.
233. 5 Bl. Dieselben. Verfälschte Abdrücke. E. 1—5.
234. Die drei Türken. 43.
235. 5 Bl. Dasselbe. Verfälschte Abdrücke. E. 1—5.
236. Russen und Türken. 44.
237. Dasselbe.
238. Dasselbe.
239. Dasselbe.
240. 4 Bl. Dasselbe. Verfälschte Abdrücke. E. 1, 3, 4 und 5.
241. Dasselbe. 1. Aetzdruck, vom Künstler eigenhändig so bezeichnet, verfälscht s. E. 6.

1767.

* 242. Prinzessin Friederike von Preussen. 45. Etwas über den Plattenrand verschnitten. I.
* 243. Dasselbe. II.
* 244. Dasselbe. 1. Aetzdruck, vom Künstler so bezeichnet. Bis zum Stichrand beschnitten.
245. Die Vermählung dieser Prinzessin. 46.
246. Dasselbe.
247. Dasselbe.
248. 3 Bl. Dasselbe. Verfälschte Abdrücke. E. 1, 2 und 3.
* 249. Dasselbe. Auscorrigirter Aetzdruck, vom Künstler selbst so bezeichnet. Ueber den Plattenrand beschnitten.
* 250. Bouquet de Maximes. 47.
* 251. Dasselbe. Schwächer.
252. Dasselbe. Copie.
253. Dieselbe.
254. Dieselbe. Chines. Papier.
255. Dieselbe, vor dem eingestochenen Titel; ohne Plattenrand.
256. Dieselbe, ebenso.
257. Dieselbe, ebenso.
* 258. Der grosse Calas. 48. 1. Platte. Ohne Rosenkranz. Ueber den Plattenrand beschnitten, auch fehlt die Unterschrift.
* 259. Dasselbe. 2. Platte. I. Mit dem Rosenkranz. Ueber den Plattenrand beschnitten.
* 260. Dasselbe. II. Ohne Rosenkranz. 1. Mit der Jahrzahl 1767.
* 261. Dasselbe.
* 262. Dasselbe, weniger schön.
* 263. Dasselbe, ebenso.
264. Dasselbe. II. 2. Mit der Jahrzahl 1768.
265. Dasselbe.
266. Dasselbe. Bis zum Plattenrand beschnitten.
267. Dasselbe. Copie von J. E. Haid in Schwarzkunst.

1768.

268. Portrait Friedrichs des Grossen. 49.
269. Dasselbe.

1768 und 1769.

270.	3 Bl. Dasselbe. Verfälschte Abdrücke. E. 1, 2 und 3.	
*271.	Die Caravane. 50. I. Aetzdruck.	
272.	Dasselbe. II.	
273.	Dasselbe.	
274.	Dasselbe.	
275.	Dasselbe.	
276.	11 Bl. Dasselbe. Verfälschte Abdrücke. E. 1—11.	

1769.

*277.	12 Bl. zu Lessing's Minna de Barnhelm. Zweite vollendete Platte. 51.*) I. Vor der Schrift.	
*278.	12 Bl. zu Minna von Barnhelm. 52. I. a. Mit 7 Einfällen, vor der Schrift.	
*279.	12 Bl. Dieselben. Aetzdrücke, in 12 Bl. zerschnitten.	
280.	12 Bl. Dieselben. 1. Copie von D. Berger.	
281.	Dieselben. 2. Copie von D. Berger. Auf Chines. Papier.	
*282.	9 Bl. Die neun Einfälle, zerschnitten.	
283.	Dasselbe. Copie. E. 1.	
284.	Dieselbe.	
285.	Dasselbe. Copie. E. 2.	
286.	Dieselbe.	
287.	Erstes Bl. zu Basedow. 54. I.	
288.	Dasselbe. IV.	
*289.	Action près de Choczim. 55. I. Vor der Schrift.	
*290.	Dasselbe. II.	
291.	2 Bl. Dasselbe. Verfälschte Abdrücke. E. 1 u. 2.	
292.	Dasselbe. III.	
293.	Dasselbe.	
294.	Dasselbe. Die Copie von 55a ist eingedruckt auf gelb gefärbtes Papier.	
*295.	Mars und Venus in Wolken. 55a, zerschnitten.	
296.	Dasselbe. Copie.	
297.	Dieselbe. Chines. Papier.	
298.	Medaille auf die Schlacht bei Choczim. 56. I.	
299.	Dasselbe.	
300.	Dasselbe.	

---

*) Die Kalenderkupfer, wenn solches nicht besonders bemerkt ist, befinden sich stets auf einem unzerschnittenen Bogen.

301. 5 Bl. Dasselbe. Verfälschte Abdrücke. E. 1—5.
*302. Dasselbe. II. Mit der Beschreibung.
303. Dasselbe. Verfälschte Abdrücke. E. 6.
*304. Dasselbe. Aetzdrücke, zerschnitten.
305. Zweites Blatt zu Basedow. 57. I.
306. Dasselbe. II.

1770.

*307. 12 Bl. zu Cervantes Don Quixote. 58. I. Vor der Schrift.
*308. Dasselbe, zerschnitten.
309. Titelkupfer zum Vademecum. 59.
310. Dasselbe.
311. Dasselbe.
312. Dasselbe. Mit beigedrucktem Titel.
313. Dasselbe. Verfälschter Abdruck.
314. Gleichheit aller Stände. 60.
315. Dasselbe.
316. Dasselbe.
317. 2 Bl. Dasselbe. Verfälschte Abdrücke. E. 1 u. 2.
318. Drittes Blatt zu Basedow. 61. I.
319. Dasselbe. II.
*320. Dasselbe. Aetzdruck, vom Künstler so bezeichnet.
*321. Dasselbe. Auscorrigirter Aetzdruck, vom Künstler so bezeichnet. Verfälschter Abdruck.
322. Viertes Blatt zu Basedow. 62. III.
323. Fünftes Blatt zu Basedow. 63. II.
324. Dasselbe. Schwächer.
325. 3 Bl. aus denselben. Aetzdrücke, abgeschnitten.
326. Erste Vignette zu Daum's Gedächtnissrede. 64.
327. 5 Bl. Dieselbe. Verfälschte Abdrücke. E. 1 - 5.
*328. Dasselbe. Aetzdruck, vom Künstler so bezeichnet.
329. Zweite Vignette dazu. 65.
330. Dasselbe, aus der Rede geschnitten.
331. 5 Bl. Dieselbe. Verfälschte Abdrücke. E. 1—4. (E. 1 ist doppelt.)
332. Dritte Vignette dazu. 66.
333. Dasselbe. Verfälschter Abdruck.
*334. Die Gedächtnissrede, selbst von Porree mit den vier eingedruckten Vignetten 60, 64—66, in 8 Blättern.

1770 und 1771.

335. Die öconomische Trophäe von Labes. 67.
336. Dasselbe.
337. Dasselbe. Verfälschter Abdruck.
*338. Dasselbe. Aetzdruck, vom Künstler als auscorrigirter Abdruck bezeichnet.
339. Dasselbe. Probedruck; verschnitten.
340. Romanzoff's Sieg über die Türken. 68.
341. Dasselbe.
342. 6 Bl. Dasselbe. Verfälschte Abdrücke. E. 1, 2, 3, 5, 6 u. 7.
*343. Dasselbe. 1. Aetzdruck.
*344. Dasselbe. 2. Aetzdruck, mit Bleistift retouchirt und bis nahe zum Stichrand beschnitten.

1771.

345. 12 Bl. zu Gessner's Idyllen. 69. I.
346. Dasselbe. II. In 2 Blätter zerschnitten.
347. Titelkupfer zu Büffon's Naturgeschichte. 70.
348. Dasselbe, abgeschnitten.
349. Dasselbe. Später Abdruck.
350. Dasselbe, mit der Vignette.
351. Vignette dazu. 70 b.
352. Dasselbe. Verfälschter Abdruck.
353. 2 Bl. Dieselbe abgeschnitten, doppelt.
354. Brenkenhoff's Portrait. 70. a.
*355. Dasselbe. Aetzdruck.
356. Erstes Bl. zu Basedow Agothokrator. 71.
357. Dasselbe.
358. Zweites Blatt dazu. 72.
359. Dasselbe.
*360. Dasselbe, Aetzdruck.
361. Dasselbe, ebenso, mit Bleistift retouchirt.
362. Drittes Blatt dazu. 73.
363. Dasselbe.
*364. Dasselbe. Aetzdruck, mit Bleistift retouchirt.
*365. 12 Bl. zu Ariost's rasender Roland. 74. I. Vor der Schrift. In 2 Blätter zerschnitten.
*366. Dasselbe, in 12 Bl. zerschnitten und aufgeklebt.
*367. Dasselbe, auf 1 Bogen, aber leider mit falschen Einfällen.
*368. Dasselbe. II. In 12 Bl. zerschnitten und aufgeklebt.

369. Cabinet d'un peintre. 75.
370. Dasselbe.
371. Dasselbe. Matter.
372. 4 Bl. Dasselbe. Verfälschte Abdrücke. E. 1, 2, 4 und 5.
373. Dasselbe. Gegendruck.
*374. Dasselbe. Aetzdruck, vom Künstler eigenhändig bezeichnet.
375. Dasselbe. Copie, von J. G. Penzel.
376. Dasselbe. Copie in Schwarzkunst, von Haid.
377. Dieselbe Copie.
378. Titelkupfer zu Sulzer's Theorie. 76.
379. Dasselbe.
380. Dasselbe, aus dem Buche.
381. Dasselbe, mit dem Büchertitel.
*382. Dasselbe. Aetzdruck.
383. Titelkupfer zu Abbt's Verdienst. 77.
384. Dasselbe, aus dem Buche.
385. Dasselbe, mit dem Büchertitel.
*386. Dasselbe. Aetzdruck.
387. Einwanderung der Franzosen. 78.
388. Dasselbe.
389. Dasselbe.
390. 2 Bl. Dasselbe. Verfälschte Abdrücke. E. 1 u. 2.
391. Dasselbe. 1. Abdruck, vom Künstler eigenhändig bezeichnet.
392. Das Scharmützel. 79.
393. Dasselbe.
394. Dasselbe.
395. 7 Bl. Dasselbe. Verfälschte Abdrücke. E. 1—7.
396. Studien von Figuren. 80.
397. Dasselbe.
398. Dasselbe.
399. 3 Bl. Dasselbe. Verfälschte Abdrücke. E. 1—3.
400. Zwei Studien von Reitern. 81.
401. Dasselbe.
402. 7 Bl. Dasselbe. Verfälschte Abdrücke. E. a) 1—3. b) 1—4.
403. Der Lebenslauf einer Buhlschwester. 82.
404. Dasselbe.
405. 8 Bl. Dasselbe. Verfälschte Abdrücke. E. a) 1 und 2. b) 1—6.

1772.

406 a. Die Zelte im Thiergarten. 83.
406 b. Dasselbe.
*407. Dasselbe. Auscorrigirter Aetzdruck, vom Künstler eigenhändig auf dem Untersatzbogen so bezeichnet. Leider um mehrere Zoll verschnitten.
*408. Titel-Vignette zu den Nouveaux Memoires. 84.
*409. Dasselbe.
*410. Dasselbe.
*411. Dasselbe.
412. 4 Bl. Copien und eine davon auf Titel der Abhandlungen der k. Akademie der Wissensch. von 1815.
413. Medaille auf das Jubiläum der französischen Kirche. 85.
414. Dasselbe.
415. 2 Bl. Dasselbe. Verfälschte Abdrücke. E. 1 u. 2.
*416. Dasselbe, auf das Textblatt eingedruckt.
417. Dasselbe, ebenso.
*418. Dasselbe. Aetzdruck b, vom Künstler eigenhändig so benannt.
419. Vignette zu Gellert's Leçons. 86.
420. Dasselbe.
421. Bibliothekszeichen des französischen Seminars. 87.
422. Dasselbe.
423. Dasselbe.
424. Dasselbe. Verfälschter Abdruck. E.
*425. Dasselbe. Aetzdruck.
426. Titelkupfer zu Buffon's Naturgeschichte. 88.
427. Dasselbe.
428. Dasselbe, mit dem Büchertitel.
429. Dasselbe. Verfälschter Abdruck. E.
430. Vignette dazu. 89.
431. Dasselbe.
*432. Dasselbe. Aetzdruck, vom Künstler selbst so bezeichnet.

1773.

*433. 12 Bl. zum Leben eines Lüderlichen. 90. 1. Vor der Schrift. In 4 Blätter zerschnitten.
*434. Dasselbe, in 12 Blätter zerschnitten.
435. Dasselbe. Verfälschte Abdrücke. E. In 2 Blätter zerschnitten.

436. Dasselbe. II. b. In 12 Blätter zerschnitten.
437. Dasselbe, ebenso.
438. Titelvignette zu Krünitz' Encyclopädie. 91. Auf dem Titel eingedruckt, mit Brenkenhoff's Portrait. E. 70. a.
439. Dasselbe. Copie.
440. Dasselbe. Copie, mit Philippi's Portrait. E. 106. Auf dem Titel eingedruckt.
441. 1. Bl. zu Nicolai Sebaldus Nothanker. 92.
442. Dasselbe, beschnitten.
443. Dasselbe, beschnitten.
444. 2.—5. Bl. zu demselben, 93—96, in 2 Bl. zerschnitten. Matt.
445. 5 Bl. Dieselben, 1 Bl. doppelt.
*446. 1 Bl. zu demselben. 95. Aetzdruck.
447. Portrait von C. G. von Thile. 97.
448. Dasselbe.
449. Dasselbe. Mit dem Büchertitel.
*450. Dasselbe. Aetzdruck, vom Künstler selbst so bezeichnet.
*451. Die Schlittenfahrt. 98.
*452. Dasselbe.
*453. Dasselbe.
454. Dasselbe, verschnitten.
455. Dasselbe. 1. Copie.
456. Dieselbe, auf Chines. Papier.
457. Dasselbe. 2. Copie.
458. Dieselbe.
459. Dieselbe.
460. Cäsar's Zug über die Pyrenäen. 99. I.
461. Dasselbe.
462. Dasselbe. Oben ein Theil des breiten Papierrandes abgeschnitten.
463. Dasselbe. II.
464. Dasselbe.
465. Dasselbe.
466. Dasselbe, aus dem Buche geschnitten.
467. 2 Bl. Dasselbe. Verfälschte Abdrücke, einer davon roth gedruckt.
468. 6. Bl. zu Nicolai Sebaldus Nothanker. 100.
469. Dasselbe, ohne Plattenrand.
470. Dasselbe, aus dem Buche.

1773 und 1774.

471. Dasselbe, neben dem Titel des Buches.
472. 5 Bl. 7.—10. Bl. zu demselben. 101—104. (1 Bl. doppelt.)
473. Dieselben, in 2 Bl. zerschnitten.
*474. Dieselben, davon 3 Aetzdrücke, meist vom Künstler selbst bezeichnet.
475. Portrait von Basedow. 105.
476. Dasselbe. Matt.
477. Dasselbe, neben dem Titel des Buches.
478. 3 Bl. Dasselbe. Verfälschte Abdrücke. E. 1—3.
479. Portrait von J. A. Philippi. 106.
480. 3 Bl. Dasselbe. Verfälschte Abdrücke. E. 1—3.
481. Portrait von Wasenberg. 106. a.
482. Dasselbe.
483. Dasselbe.
484. 2 Bl. Dasselbe, eingetuscht und verschnitten.
485. 4 Bl. Dasselbe. Verfälschte Abdrücke. E. 1—4.

1774.

486. 1. Bl. zu Lavater's Physiognomik. 107.
487. Dasselbe.
488. Dasselbe. Verfälschter Abdruck.
489. Titel-Vignette zu Martini's Geschichte. 108.
490. 2 Bl. zu Sulzer's Theorie. 109. I.
491. Der Künstler im Zimmer seiner Mutter. 110.
492. Dasselbe.
493. Dasselbe.
494. Dasselbe.
495. Dasselbe.
496. Dasselbe. Gegendruck.
497. Dasselbe. Verfälschter Abdruck.
498. 12 Bl. zu Sedaine's Deserteur. 111. I. Vor der Schrift. In 2 Bl. zerschnitten.
499. Dieselben. II. In 4 Bl. zerschnitten.
500. Dieselben. In 12 Bl. zerschnitten.
*501. Dieselben, ebenso und aufgezogen.
502. Dieselben, ebenso.
503. Fridländer's Bibliothekszeichen. 112.
*504. Dasselbe. Aetzdruck.
505. 2 Bl. Dasselbe. Verfälschte Abdrücke. E. 1 u. 2.
506. 2. Bl. zu Lavater. Dessen todtes Kind. 113.
507. Dasselbe.

508. 2 Bl. Dasselbe. No. 113 und 124 auf einen Bogen gedruckt.
*509. Dasselbe. Aetzdruck.
510. 3. Bl. zu Lavater. Der Christuskopf. 114. I.
511. Dasselbe.
512. Dasselbe. II.
*513. 4. Bl. zu Lavater. 21 Brustbilder. (Lebensalter.) 114. I.
*514. Dasselbe.
515. Dasselbe. II.
516. Dasselbe.
517. Dasselbe.
518. 5. Bl. zu Lavater. 21 männliche Köpfe. 115. I.
519. Dasselbe. II.
520. Dasselbe. Verfälschter Abdruck.
*521. Dasselbe. Aetzdruck, vom Künstler selbst so bezeichnet.
522. 6. Bl. zu Lavater. 24 männliche Köpfe. 116. I.
523. Dasselbe. II. Oben Chodowiecki's Name ausradirt.
524. Dasselbe. Verfälschter Abdruck.
*525. Dasselbe. Aetzdruck, vom Künstler selbst so bezeichnet.
*526. 6. Kupfer zu Basedow's Elementarwerk. 117. I.
527. Dasselbe. Des Künstlers Namen ist ausradirt.
528. Dasselbe. Verfälschter Abdruck.
529. Portrait von Chr. W. E. Dietrich. 118.
530. Dasselbe.
531. 3 Bl. Dasselbe. Verfälschte Abdrücke. E. 1—3.
*532. Dasselbe. Erster „Probedruck", vom Künstler selbst so bezeichnet.
*533. Dasselbe. Zweiter Probedruck, ebenso bezeichnet.
534. Kleine bergige Landschaft. 119.
535. Dasselbe.
536. Dasselbe.
537. Dasselbe, auf braun Papier.
*538. Dasselbe. Aetzdruck.

1775.

539. Vignette zu Werther's Leiden. 120. Mit dem Titel des Buches.
540. Dasselbe, ausgeschnitten.

541.   2 Bl. Dasselbe. Verfälschte Abdrücke. E. 1 u. 2.
*542.   Dasselbe. Aetzdruck, vom Künstler selbst so bezeichnet.
543. Das Maskenrecht. 121.
544.   4 Bl. Dasselbe. Verfälschte Abdrücke. E. 2—5.
*545.   Dasselbe. Aetzdruck, durch eine Verfälschung leider verunstaltet. E. 1.
546. 11. Blatt zu Nicolai's Sebaldus Nothanker. 122. I.
547.   Dasselbe. II.
548.   3 Bl. Dasselbe, aus dem Buche, worunter 2 Verfälschungen. E. 1. u. 2.
549. 7. Bl. zu Lavater. Kleinjogg. 123. I. Verfälschte Abdrücke.
550.   Dasselbe. II.
551.   Dasselbe.
552. 8. Bl. zu Lavater. Sein Vater im Tode. 124. I.
553.   Dasselbe.
554.   Dasselbe.
555.   Dasselbe. II.
556. Titelkupfer zu Blankenburg's Geschichte. 125.
557.   Dasselbe, mit dem Titel des Buches.
558. 9. Bl. zu Lavater. Zollikofer in Medaillon. 126. I.
559.   Dasselbe, beschnitten.
560.   Dasselbe. Verfälschter Abdruck.
561.   Dasselbe. II.
562.   Dasselbe.
563. 10. Bl. zu Lavater. Zollikofer. 127.
564.   Dasselbe.
565.   3 Bl. Dasselbe. Verfälschte Abdrücke. E. 1, 2 und 3.
*566.   Dasselbe. 2. Probedruck, vom Künstler so bezeichnet.
*567.   Dasselbe. Aetzdruck, ebenso bezeichnet, aber abgeschnitten.
568. Drei Baschkiren. 128.
569.   Dasselbe.
570.   Dasselbe.
571.   Dasselbe.
572.   5 Bl. Dasselbe. Verfälschte Abdrücke. E. 1—5.
573. 5 Bl. 12.—16. Bl. zu Nicolai's Sebaldus Nothanker. 129—132 und 132a, in 4 Bl. zerschnitten.

574. 8 Bl. Dieselben, Doubletten und Tripletten, zerschnitten.
*575. 5 Bl. Dieselben, meist Aetzdrücke, zum Theil fleckig.
576. Die Heimführung der Braut. 133.
577. Dasselbe.
578. Dasselbe.
579. 5 Bl. Dasselbe. Verfälschte Abdrücke. E. 1—5.
580. Der Bankerottirer. 134.
581. Dasselbe.
582. Dasselbe.
583. 6 Bl. Dasselbe. Verfälschte Abdrücke. E. 1, 2 und 4—7.
584. Der bankerottirende Schuhflicker. 135.
585. Dasselbe.
586. Dasselbe, auf röthlich Papier.
*587. Dasselbe. Aetzdruck, vom Künstler selbst bezeichnet.
588. 2 Bl. Carricaturen. I. u. II. 136 u. 137 auf einen Bogen gedruckt.
589. Dasselbe, ebenso.
590. Dasselbe, ebenso.
591. Dasselbe, ebenso.
592. 2 Bl. Dasselbe. Verfälschte Abdrücke. E. 1 u. 2 auf einen Bogen gedruckt.
593. Drei Polnische Figuren. 138.
594. Dasselbe, und 1 Figur doppelt.
595. 4 Bl. Dasselbe. Verfälschte Abdrücke. E. 1—4.
*596. Die Grausamkeit. 139.
*597. Dasselbe, scharf beschnitten.
598. Dasselbe. Copie.
599. Dieselbe.
*600. 12 Bl. zu Blaise Gaulard. 140. I. Vor der Schrift, leider verfälscht, s. E.
601. Dasselbe. IV.
·602. Dasselbe. Matt, in 12 Bl. aufgeklebt.
*603. 12 Bl. zu Gellert's Fabeln. I. Mit Nadelschrift. In 2 Bl. zerschnitten.
604. Dasselbe. II. In 2 Bl. zerschnitten.
605. Dasselbe. Ebenso.
606. Dasselbe. Verfälschter Abdruck. E. 2. Ebenso.
607. Dasselbe. Verfälschter Abdruck. E. 1. Ebenso.

1775 und 1776.

608. Portrait von W. A. Teller. 142.
609. Dasselbe, braun.
610. Dasselbe, mit dem Titel des Buches.
*611. 11. Bl. zu Lavater. 143. Zwölf Männer-Köpfe. I. Vor der Schrift.
612. Dasselbe. II.
*613. 12. Bl. zu Lavater. 144. Zwölf Köpfe. I.
614. Dasselbe. Verfälschter Abdruck.
615. Dasselbe. II.
*616. 13. Bl. zu Lavater. 145. Sechszehn Köpfe. II.
*617. Dasselbe.
618. Dasselbe. Verfälschter Abdruck.
*619. Dasselbe. III. Mit Lavater's eigenhändiger Bezeichnung der Köpfe, abgeschnitten und aufgeklebt.
620. 14. Bl. zu Lavater. 146. Neun Sokratesköpfe. II.
621. Dasselbe.
622. 1. Bl. zu Cervantes' Don Quixote. 147. II.
623. 2. Bl. zu demselben. 148. II.
*624. Dasselbe. Aetzdruck, beschnitten.

1776.

625. Titelkupfer zum Vicar of Wakefield. 149. I.
626. Dasselbe.
627. Dasselbe. II.
628. Dasselbe.
629. Dasselbe.
630. Dasselbe, abgeschnitten.
631. Dasselbe, mit dem Büchertitel.
632. Titelkupfer zur Storia di Bianca Capello. 150. Beschnitten.
633. Dasselbe, mit dem Titel des Buches.
634. 2 Bl. Dasselbe. Verfälschte Abdrücke. E. 1 u. 2.
*635. Dasselbe. Probedruck.
636. 2 Bl. Titel-Vignetten zu Werther's Leiden. 151 und 152.
*637. Dieselben. Aetzdrücke.
638. 2 Bl. Werther's Zimmer. No. 152, davon eins verfälschter Abdruck.
639. 1. Bl. zu Tielke's Memoiren. 153.
640. Dasselbe.
641. Dasselbe. Verfälschter Abdruck.
642. Dasselbe. Gegendruck.

643.	5 Bl. 17.—21. Bl. zu Nicolai's Sebaldus Nothanker. 154—158. II. Zerschnitten.	
644.	6 Bl. Dieselben, eins doppelt.	
645.	1 Bl. No. 158. I., von der grossen Platte.	
646.	Dasselbe, ebenso, mit dem Titel des Buches.	
*647.	12 Bl. zum Landprediger von Wakefield. 159. I. Vor der Schrift.	
648.	Dasselbe, in 2 Bl. zerschnitten.	
649.	12 Bl. zu Gellert's Fabeln. 160. I. Vor der Schrift.	
650.	Dasselbe, ebenso.	
651.	Dasselbe. II. In 2 Bl. zerschnitten.	
652.	Dasselbe. Verfälschter Abdruck.	
653.	2 Bl. Titel-Vignette zu Tielke's Memoires. 161. I. Vor der Schrift.	
654.	2 Bl. Dasselbe. Verfälschte Abdrücke. E. 1 u. 2	
655.	Dasselbe. II.	
656.	Dasselbe.	
657.	Dasselbe.	
658.	Dasselbe. Verfälschter Abdruck. E.	
*659.	Dasselbe. Aetzdruck.	
660.	3. Bl. zu Tielke's Memoires. 162. I.	
661.	5 Bl. Dasselbe. Verfälschte Abdrücke. E. I. 1, 2 u. 3. III. 1 u. 2.	
*662.	Dasselbe. II. Mit der Unterschrift: „FRIEDRICH IM UNGLÜCK."	
*663.	Dasselbe. Verfälschter Abdruck. E. II.	
664.	Gellert's Monument. I. Beschnitten.	
665.	Dasselbe. II.	
666.	Erste Militärstrafe. 164.	
667.	Dasselbe.	
668.	Dasselbe.	
*669.	Dasselbe. Aetzdruck, von der grossen Platte abgeschnitten.	
670.	Zweite Militärstrafe. 165.	
671.	Dasselbe.	
672.	Dasselbe.	
673.	Dasselbe.	
674.	Dasselbe. Verfälschter Abdruck.	
*675.	Dasselbe. Aetzdruck, von der grossen Platte abgeschnitten.	
676.	Portrait von J. W. v. Goethe. 166.	

677. Dasselbe, aus dem Buche.
678. Dasselbe, mit dem Titel des Buches.
*679. Dasselbe. Aetzdruck, vom Künstler selbst so bezeichnet.
680. Titelkupfer zu Nicolai's Almanach. 167.
681. Dasselbe.
682. Dasselbe, mit dem Titel des Buches.
*683. Dasselbe, Aetzdruck.
684. Titel und Portrait zu Voss' Musenalmanach. 168. I. Vor der Schrift.
685. Dasselbe. II.
686. Dasselbe. III.
687. 5 Bl. Dasselbe. Verfälschte Abdrücke. E. I. und II. 1 und 2.
688. 2 Bl. Dasselbe. Probedrücke, eingetuscht und eingeschrieben.
689. 1 Bl. Gerstenberg's Portrait. Aetzdruck.
690. 3.—5. Bl. zu Cervantes' Don Quixote. 169—171.
691. 12 Bl. Geschichte des Predigers Gros. 172. II.
692. Dasselbe.
693. Dasselbe, in 2 Bl. zerschnitten.
694. Dasselbe. Verfälschte Abdrücke. E. 1.
695. Dasselbe. Verfälschte Abdrücke. E. 2. Matt.
*696. Dasselbe. Aetzdrücke, in 4 Bl. zerschnitten.
*697. Dasselbe. Aetzdrücke, in 12 Bl. zerschnitten.
698. Vignette zu Schummel's Kinderspielen. 173.
699. Dasselbe, aus dem Buche geschnitten.
700. Titelkupfer dazu. 174.
701. Dasselbe, mit dem Titel des Buches und der Vignette 173.
702. Dasselbe. Auscorrigirter Probedruck, vom Künstler selbst bezeichnet.
*703. Titel und Portrait zu Voss' Musenalmanach. 175. 1. Vor der Schrift, als auscorrigirt vom Künstler bezeichnet.
704. Dasselbe. II. Mit der Schrift.
*705. Dasselbe. 1. Aetzdruck, vom Künstler selbst bezeichnet.
*706. Dasselbe. Matter, ebenso bezeichnet.
707. Das Portrait allein. Verfälschter Abdruck.
708. Titelkupfer zum Weihnachtsgeschenk. 176.
709. Dasselbe.

1776 und 1777.   23

710. Dasselbe. Mit dem Titel des Buches.
711. 2 Bl. Dasselbe. Verfälschte Abdrücke. E. 1 u. 2.
*712. Dasselbe. Aetzdruck, vom Künstler selbst bezeichnet.
713. Titelkupfer zu Basedow's Gesangbuch. 1. Bd. 177.
714. Dasselbe, zum 2. Bd. 178.
715. Titelkupfer zu Basedow's Philosophie. 179. II.
716. Dasselbe, beschnitten.
717. Dasselbe, mit dem Titel des Buches.
718. Portrait von Brückmann. 180. Verkleinerte Platte.
719. Dasselbe, abgeschnitten.
720. Dasselbe. Verfälschter Abdruck.
*721. Dasselbe. Probedruck, vom Künstler selbst so bezeichnet, vor der Umschrift.
*722. Dasselbe. Grosse Platte, Aetzdruck.
723. Dasselbe, mit Cornelis Troost. Verfälschter Abdruck.
724. Dasselbe.
725. Dasselbe, braun gedruckt.
726. Dasselbe, roth gedruckt.
727. 3 Bl. Der verfälschte Plattenabschnitt. Verfälschte Abdrücke. 2.
*728. Portrait von Pascha Weitsch. 181. I. Mit der spitzen Säbelspitze.
729. Dasselbe. II. Die Säbelspitze ist abgerundet.
730. Dasselbe.
731. 6 Bl. Dasselbe. Verfälschte Abdrücke. E. 1—6.
*732. Dasselbe. Aetzdruck, vom Künstler als „zum zweiten Male auscorrigirt" bezeichnet.

1777.

733. 12 Blatt zu Sophien's Reise. 182. II. In 2 Bl. zerschnitten.
734. Dasselbe, in 12 Bl. zerschnitten.
735. 12 Bl. Die Monate. 183. III.
736. Dasselbe.
737 a. Dasselbe, in 12 Bl. zerschnitten.
*737 b. Dasselbe. Aetzdrücke, in 12 Bl. zerschnitten.
738. Titel-Vignette zu Zachariä's Tayti. 184. I.
739. 2 Bl. Dasselbe. Verfälschte Abdrücke. E. 1 u. 2.
740. Titel-Vignette zu Seiler's Christenthum. 185.
741. Dasselbe. Verfälschter Abdruck.

742. Titelkupfer zu Menadie's Leben. 1. 186.
743. Dasselbe, aus dem Buche.
744. Titel und Portrait zum Lauenburger Kalender. 187. I. Vor der Schrift.
745. Dasselbe.
746. Dasselbe. II.
747. Dasselbe. III. Beschnitten.
*748. Dasselbe. Aetzdruck.
*749. Das Portrait allein, Aetzdruck, vom Künstler selbst bezeichnet.
750. 12 Bl. Der Fortgang der Tugend und des Lasters. 188. I.
751. Dasselbe, in 2 Bl. zerschnitten.
752. Dasselbe, in 12 Bl. zerschnitten, aus dem Buche.
753. Dasselbe. Verfälschte Abdrücke, in 6 Bl. zerschnitten.
754. Erstes Bl. zu Dusch Ferdiner. 189. I. b.
755. Dasselbe. II.
756. Zweites Bl. dazu. 190. II.
757. Dasselbe. III., aus dem Buche.
*758. Portrait von F. E. v. Rochow. 191. I. Vor der Schrift, aber verfälschter Abdruck. E. I. 1.
759. Dasselbe. Verfälschter Abdruck. E. I. 2.
*760. Dasselbe. Aetzdruck.
761. Dasselbe. IV.
762. Dasselbe.
763. Dasselbe, fleckig.
764. Dasselbe, der Kopf farbig gedruckt.
765. 9 Bl. Dasselbe. Verfälschte Abdrücke. Davon drei doppelt.
766. 8 Bl. einzelne Theile aus der Platte abgedruckt.
767. Bibliothekszeichen des Künstlers. 192.
768. Dasselbe.
769. Dasselbe, beschnitten.
770. 3 Bl. Dasselbe. Verfälschte Abdrücke. E. 1—3.
*771. Dasselbe, Aetzdruck.
772. Dasselbe, ebenso, mit Bleistift eingezeichnet, bis zum Stichrand beschnitten.
773. 12 Bl. Die Monate. 193. I. Vor der Schrift.
774. Dasselbe, in 2 Bl. zerschnitten.
775. Dasselbe. II.
776. Titel und Portrait zum Almanac de Lauenbourg. 194. I. Vor der Schrift.

1777.

777. Dasselbe.
778. Dasselbe.
779. 3 Bl. Dasselbe. Verfälschte Abdrücke. E. 1—3.
780. Dasselbe. II.
*781. Dasselbe. Aetzdruck, von dem Künstler selbst so bezeichnet.
*782. 2 Titelblätter und 2 Modekupfer zum Göttinger Kalender. 195. A. a und b. B. a und b. Auf einem Bogen.
783. 7 Bl. Dasselbe. 5 Titelblätter und 2 Modekupfer, erstere mehrfach, darunter A. a. Vor der Schrift, letztere aus dem Buche.
784. Friedrich's II. Wachtparade. 196. I. a. Vor der Schrift. Mit dem weissen Pferdefusse, aber leider verfälschter Abdruck, s. E. I. 1.
785. Dasselbe. I. b.
786. Dasselbe. Verfälschter Abdruck. E. I. 2.
787. Dasselbe. II. Verfälschter Abdruck. E. 1.
788. Dasselbe. Verfälschter Abdruck. E. 2.
789. Titel und Portrait zu Voss' Musenalmanach. 197. II.
790. Der Kronprinz zu Pferd. 198.
791. 3 Bl. Dasselbe. Verfälschte Abdrücke. E. 1—3.
792. Die drei Grazien. 199.
793. Dasselbe.
794. Dasselbe, auf blau gefärbtes Papier.
795. Friedrich's II. Wachtparade. 200. I. Vor der Schrift, allein mit falschen Einfällen. E. I.
796. Dasselbe. II.
797. Dasselbe. II. Bis zum Plattenrand beschnitten.
798. Dasselbe. III.
799. 4 Bl. Dasselbe. Verfälschte Abdrücke. E. II. 1—4.
*800. Dasselbe. Aetzdruck, leider schmählich durch falsche Einfälle verunziert. E. 1.
801. Friedrich der Grosse zu Pferde. 200.
802. Dasselbe.
803. 3 Bl. Dasselbe. Verfälschte Abdrücke. E. 1—3.
804. Titelkupfer zu Stilling's Jugend. 201.
805. Dasselbe.
806. Dasselbe, mit der Vignette 202 auf dem Titel des Buches.
*807. Dasselbe, Aetzdruck, vom Künstler selbst so bezeichnet.

1777 und 1778.

808. Vignette dazu. 202.
809. Dasselbe.
810. Dasselbe, auf dem Titel des Buches.
811. Titelkupfer zu Menadie's Leben. 203.
812. Dasselbe.
*813. Dasselbe, Aetzdruck, vom Künstler selbst so bezeichnet.
814. Titel und Portrait zu Voss' Musenalmanach. 204.
 I. Vor der Schrift.
815. Dasselbe. II.
816. Dasselbe.
817. Dasselbe.
818. Dasselbe, aus dem Buche.
*819. Dasselbe, Aetzdruck.
820. Dasselbe, oben eingerissen.
*821. 12 Bl. Die Monate. 205. II. In 2 Bl. zerschnitten.
*822. Dasselbe, Aetzdrücke, in 12 Bl. zerschnitten.
823. Titel und Portrait zum Lauenburger Kalender. 206.
 I. Vor der Schrift.
824. Dasselbe. II.
825. Dasselbe.
826. Dasselbe.
*827. Dasselbe. Aetzdruck.
828. Vignette zum Wandsbecker Bothen. 207.
829. Dasselbe, ausgedruckt.

1778.

830. 6 Bl. zu Voltaire's Kandide. 208 — 212. In 4 Bl. zerschnitten, von der grossen Platte.
831. 11 Bl. Dieselben, dabei ein Blatt mit Verfälschung, und Doubletten.
*832. 5 Bl. Aetzdrücke. 208—211.
833. 2 Bl. zu Shakespeare's Hamlet. 213 u. 214. II. Beschnitten.
834. 2 Bl. Dieselben. Aetzdrücke.
835. 2 Bl. Dasselbe. No. 213 doppelt. Verfälschte Abdrücke. E. 1 u. 2.
836. 16 Bl. zu Bunkel's Leben. 215—230. I. Vor den Nummern. Auf 4 Bogen.
837. Dieselben, auf 5 Bogen.
838. Dieselben. Verfälschte Abdrücke. 16 Bl. auf 7 Bogen.

839. 30 Bl. Dieselben, Doubletten, meist vor den Nummern, davon 5 Bl. mit Verfälschungen.
.*840. 4 Bl. Dieselben. No. 215, 219, 220 u. 223. Aetzdrücke.
841. 12 Bl. moralischen und satyrischen Inhalts. 231. II. In 12 Bl. zerschnitten.
842. Dasselbe. Verfälschter Abdruck.
843. 8 Bl. zu Bürger's Gedichten. 232—239. I. Auf 4 Bogen.
844. Dieselben und 1 Bl. doppelt.
845. Titelkupfer zu Mackenzie's Mann von Gefühl. 240 u. 241. I. Auf 1 Bogen.
846. Dasselbe. II. Ohne die Vignette.
847. Dasselbe. III. Matt.
848. Dasselbe. IV. a. Mit Einfällen.
849. Dasselbe.
850. Dasselbe. IV. b. Ohne Einfälle.
851. Dasselbe. V.
852. 3 Bl. Dasselbe. Verfälschte Abdrücke. E. I. 1. II. 1 u. 2.
853. Titel-Vignette zu Hahn's Robert von Hochenecken. 241. Auf dem Titel des Buches eingedruckt.
854. Dasselbe, ausgeschnitten.
855. Erste Vignette zu Niemeyer's Gedichten. 242. I.
856. Dasselbe.
*857. Dasselbe. II. Mit 243, mit dem Text auf einem Blatte.
858. Zweite Vignette dazu. 243. I.
859. Dasselbe.
860. Titelkupfer zu Stilling's Jünglingsjahre. 244. Aus dem Buche.
861. Dasselbe, ebenso.
862. Dasselbe. Verfälschter Abdruck.
863. Vignette dazu. 245.
864. Dasselbe, mit dem Titel des Buches.
865. Dasselbe. Verfälschter Abdruck.
866. 6 Bl. zu Hippel's Lebensläufe, 1. Theil. 246—251, auf 3 Bogen.
867. Dieselben, auf 6 Bogen.
868. 18 Bl. aus derselben Folge. Doubletten, meist mit Verfälschungen.
*869. Dasselbe, die Vignette 247. Aetzdruck.

*870. 12 Bl. zu Shakespeare's Hamlet. 252. Auf 2 Bl.
871. Dasselbe, ebenso, aufgezogen.
872. Dasselbe, in 12 Bl. aufgezogen.
873. Dasselbe, in 12 Bl. Matt.
874. Titel und Portrait zum Lauenburger Kalender. 253. III.
875. Dasselbe.
876. 2 Bl. Dasselbe. Verfälschter Abdruck.
*877. 5 Bl. Kopfputz und Kleidungen zum Lauenburger Kalender. 254 u. 255.
878. 12 Bl. Natürliche und affectirte Handlungen. 256. I. Vor der Schrift.
879. Dasselbe. Verfälschter Abdruck. In 12 Bl. aufgezogen.
880. Dasselbe. II.
881. Dasselbe. Verfälschter Abdruck. E. II. 1.
882. Dasselbe. Verfälschter Abdruck. E. II. 2. In 2 Blätter zerschnitten.
883. Die Büste Shakespeare's. 257.
884. Dasselbe.
*885. 2 Bl. Kopfputz zum Göttinger Kalender. 258. I.
886. 12 Bl. moralisch-satyrischen Inhalts. 259. II.
887. Dasselbe. Matt.
888. Dasselbe. Matt.
889. Dasselbe. Matt.
890. Dasselbe. Matt.
891. 4 Exempl. Dasselbe. Verfälschte Abdrücke. E. 1—3 und 5.
892. Dasselbe. Aetzdruck.
893. Titel und Portrait zum Almanac généalogique. 260. II.
894. Dasselbe. Bis zum Plattenrand beschnitten.
895. 5 Bl. Dasselbe. Verfälschte Abdrücke. E. 1—5.
896. Die Jünger von Emaus. 1. Blatt. 261.
897. Dasselbe, scharf beschnitten.
*898. Dasselbe, mit dem Titel des Buches.
899. Dasselbe, abgeschnitten.
900. 2 Bl. Dasselbe. Verfälschte Abdrücke. E. 2 u. 3.
901. Titelkupfer zu Stilling's Wanderschaft. 262.
902. Dasselbe.
903. Vignette dazu, No. 263.
904. Dasselbe, mit dem Titel des Buches.
905. 1.—4. Bl. zu Gatterer's Gedichte. 264—267.
906. Dieselben, auf 2 Bogen.

1778 und 1779.

907. 7 Bl. Dieselben. Verfälschte Abdrücke. In 4 Bl. und 3 Bl. Doubletten.
908. 3. Bl. zu Dusch's Ferdiner. 268.
909. Dasselbe.
910. Dasselbe, auf dem Titel des Buches.
911. 3 Bl. Dasselbe. Verfälschte Abdrücke. E. 1—3.
*912. 12 Bl. moralisch-satyrischen Inhalts. 269. I. Vor der Schrift. Matt. In 2 Bl.
913. Dieselben. II.
914. Dieselben. Verfälschte Abdrücke.
*915. Dieselben. Aetzdrücke.
*916. Dieselben, auf 12 Bl.
917. Titel und Portrait zum Lauenburger Kalender. 270. I. Mit gerissener Schrift.
918. Dasselbe. II.
919. 3 Bl. Dasselbe. Verfälschte Abdrücke. E. 1—3.
920. Dasselbe, Aetzdruck.
921. Portrait von Prof. Eberhard. 271.
922. Dasselbe.
923. Dasselbe, zerschnitten.
924. Dasselbe. Mit dem Büchertitel.
925. Dasselbe. Verfälschter Abdruck.
926. Dasselbe. Aetzdruck, vom Künstler selbst so bezeichnet.
927. Lady Macbeth. 272. I.
928. Dasselbe. II.
929. Dasselbe, beschnitten.
930. Dasselbe, ebenso, auch die Schrift fehlt.
931. Dasselbe. Verfälschter Abdruck.

1779.

932. 1.—4. Bl. zu Le Sage Gil Blas. 273—276. I. In 2 Bl. geschnitten.
933. Dasselbe. II.
934. Dasselbe. III.
935. 11 Bl. Dieselben. Doubletten.
*936. 2 Bl. Dasselbe. No. 273 u. 275, Aetzdrücke. Beschnitten.
937. Die Jünger von Emaus. 2. Bl. 277.
938. Dasselbe, auf dem Titel des Buches.
939. Dasselbe, ausgeschnitten.
940. Dasselbe, ebenso.

941.	2 Bl.	Dasselbe. Verfälschte Abdrücke.
942.	4. Bl. zu Dusch's Ferdiner. 278. II.	
943.	Dasselbe.	
944.	Dasselbe, auf dem Titel des Buches.	
945.	Dasselbe. Verfälschung, der Fussboden hat zwei weisse Stellen.	
*946.	Dasselbe. Aetzdruck.	
*947.	Dasselbe. Aetzdruck.	
948.	12 Bl. zu dem Leben eines Frauenzimmers. 279. II.	
*949.	Dasselbe. Aetzdrücke, mit Bleistift übergangen.	
950.	5 Bl. zu Wezel's wilde Betty. 280—284. In 2 Bl.	
951.	Dasselbe, von der zerschnittenen Platte, in 3 Bl.	
952.	Vignette hierzu. 280, auf dem Titel des Buches.	
953.	5 Bl. aus der Folge. Verfälschte Abdrücke.	
*954.	5 Bl. 280—284. Aetzdrücke, beschnitten.	
955.	5.—8. Bl. zu Le Sage's Gil Blas. 285—288. I. Vor der Schrift. Auf 2 Bl.	
956.	Dieselben, beschnitten, 4 Bl.	
957.	7 Bl. aus der Folge, einige doppelt.	
958.	9 Bl. Dieselben. Verfälschte Abdrücke.	
959.	7. u. 8. Bl. zu Hippel's Lebensläufe. 2. Theil. 289 und 290. I.	
960.	Dieselben, mit dem Titel des Buches.	
961.	Vignette dazu, 290, aus dem Buche geschnitten.	
962.	1. Bl. zu Schulze's latein. Elementarbuch. 291. I.	
963.	Dasselbe. II.	
964.	Dasselbe, beschnitten.	
965.	Dasselbe, mit dem Titel des Buches.	
966.	6 Bl. zu Wezel's Peter Marks. 292—297, auf 4 Bl.	
967.	Dieselben, zerschnitten in 6 Bl.	
968.	11 Bl. Dieselben, nebst 5 Doubletten.	
969.	11 Bl. Dieselben. Verfälschte Abdrücke.	
970.	9.—14. Bl. zu Hippel's Lebensläufen. 298—303. In 3 Bl.	
971.	17 Bl. aus der Folge, zum Theil Doubletten.	
972.	3 Bl. dazu. Verfälschte Abdrücke, von 300, 302 und 303.	
973.	Titelkupfer zur Sammlung witziger Einfälle. 304.	
974.	Dasselbe.	
975.	Dasselbe, neben dem Titel des Buches eingedruckt.	
*976.	Dasselbe. Aetzdruck, beschnitten.	
977.	Portrait der Kaiserin Catharina II.	

1779.

978. Dasselbe, neben dem Titel des Buches eingedruckt.
979. 3 Bl. Dasselbe. Verfälschte Abdrücke. E. 1—3.
*980. Dasselbe. Aetzdruck, beschnitten.
981. 12 Bl. verschiedenen Inhalts. 306. III.
982. Dasselbe, in 12 Bl.
983. Dasselbe, in 2 Bl. Verfälschte Abdrücke.
*984. Dasselbe. Aetzdruck.
*985. Titel und Portrait zum Lauenburger Kalender. 307. II.
986. Dasselbe. Verfälschter Abdruck.
987. Brustbild der Minerva. 308.
988. Dasselbe.
989. Dasselbe, beschnitten.
990. 3 Bl. Dasselbe. Verfälschte Abdrücke. 1 Bl. doppelt.
991. 5 Bl. Kopfputz und Kleidungen. 309 und 310, auf 1 Blatt.
992. Dieselben. Matt.
993. 11 Bl. Dieselben, mit Doubletten und drei verfälschten Abdrücken. E. 1—3.
*994. 2 Bl. Dasselbe. 309a u. b. Aetzdrücke.
995. Titelkupfer zum Berliner Kalender. 311. Vor der Schrift.
996. Portrait von J. J. Engel. 312.
997. Dasselbe, neben dem Büchertitel.
998. Dasselbe. Verfälschter Abdruck.
999. 9.—12. Bl. zu Le Sage's Gil-Blas. 313—316. I.
1000. Dieselben, in 2 Bl.
1001. Dieselben.
1002. 9 Bl. Dieselben. Verfälschte Abdrücke und Doubletten.
1003. Titelkupfer zu Campe's Robinson. 317.
1004. Dasselbe. Verfälschter Abdruck.
*1005. Dasselbe. Aetzdruck.
1006. Titel-Vignette zur Lobrede Maréchals. 318. I.
1007. Dasselbe.
1008. 6 Bl. Dasselbe. Verfälschte Abdrücke. E. 1—6.
1009. Dasselbe. II.
1010. Dasselbe, auf dem Titel des Buches.
*1011. Dasselbe. Aetzdruck.
1012. 12 Bl. natürliche und affectirte Handlungen. 319. II.

1013.	Dasselbe, in 2 Bl.
1014.	Dasselbe. Verfälschte Abdrücke. E. 1.
1015.	Dasselbe. Verfälschte Abdrücke. E. 2. In 2 Bl.
1016.	Dasselbe. Verfälschte Abdrücke. E. 3.
*1017.	Dasselbe. Aetzdrücke.
1018.	12 Bl. zu Lessing's Fabeln. 320. III. 2 Bl. davon matt.
*1019.	Dieselben. Aetzdrücke.
1020.	2 Bl. Kopfputz. 321. II.
1021.	2.—8. Bl. zu Schulze's Elementarbuch. 322—24. I. Vor der Schrift. Auf 4 Bl.
1022.	9 Bl. Dieselben, auf 3 Bl., dabei 2 Doubletten.
1023.	9 Bl. Dieselben. Verfälschte Abdrücke. s. E.
1024.	13 Bl. Dieselben. II., darunter sechs in roth und Doubletten, meist beschnitten.
1025.	8 Bl. Dieselben. Aetzdrücke, in 4 Bl., dabei No. 322 d. o. in verfälschtem Abdurcke. E. 1, und 1 Bl. doppelt.
1026.	1. Bl. zu Reichard's Bibliothek der Romane. 4. Band. 325.
1027.	Dasselbe.
1028.	Dasselbe, neben dem Titel des Buches.
1029.	3 Bl. Dasselbe. Verfälschte Abdrücke. E. 1—3.
*1030.	Dasselbe. Aetzdruck.
1031.	4 Bl. zu Stolberg's Gedichten. 326-329. I.
1032.	Dieselben. II. In 2 Bl.
1033.	7 Bl. Dieselben. Verfälschte Abdrücke. s. E.
1034.	12 Bl. verschiedenen Inhalts. 330.
1035.	Dieselben. Matt.
1036.	Dieselben. Matt.
1037.	Dieselben. Matt.
1038.	Dieselben, in 12 Bl.
1039.	4 Exempl. Dieselben. Verfälschte Abdrücke. E. 1—4.
*1040.	Dasselbe. Aetzdrücke, vom Künstler selbst so bezeichnet.
*1041.	Dieselben, in 12 Bl. zerschnitten.
1042.	Titel und Portrait zum Almanac de Lauenbourg. 331. II.
1043.	Dasselbe.
1044.	Dasselbe.
1045.	Titelkupfer zu den Medicin. Annalen. 332.

1046. Dasselbe. Verfälschter Abdruck.
*1047. Dasselbe. Aetzdruck.
1048. 6 Bl. 5.—8. Bl. zu Dusch Geschichte Ferdiner's. 333 —336, und 2 Doubletten No. 334. I. Mit dem fein radirten Kopf im Unterrande.
1049. 3 Bl. aus der Folge. Verfälschte Abdrücke. 334 und 335. E. 1 und 2.
*1050. 4 Bl. dieselbe Folge. Aetzdrücke.
1051. Die Wallfahrt von Französisch Buchholz. 337.
1052. Dasselbe.
1053. Dasselbe.
1054. 6 Bl. Dasselbe. Verfälschte Abdrücke. E. 1—6.
1055. Titel und Portrait zum Lauenburger Kalender. 338.
1056. Dasselbe.
1057. Dasselbe. Verfälschter Abdruck.
*1058. Dasselbe. Aetzdruck.
1059. Titel-Vignette zu Ramsay's Reisen. 339.
1060. Dieselbe, auf dem Büchertitel.
1061. Dieselbe, abgeschnitten.
1062. Dieselbe. Copie von Penzel.

1780.

1063. Titelkupfer zu Miller's Geschichte der Zärtlichkeit. 340.
1064. Dasselbe, auf dem Büchertitel.
*1065a. Dasselbe. Aetzdruck.
1065b. 9. Bl. zu Dusch Geschichte Ferdiner's. 2. Thl. 341. I. Vor der Nummer. Beschnitten.
1065c. 3 Bl. Dasselbe. II. Verfälschte Abdrücke. E. 1—3.
*1065d. Dasselbe. Aetzdruck, von dem Künstler selbst bezeichnet.
1066. 2 Bl. 1. u. 2. Blatt zu Lichtenberg's Orbis pictus. 342. 343. I.
1067. Dieselben. I.
1068. 3 Bl. Dieselben, nebst 2 verfälschten Abdrücken. E. 342. 1 und 2.
1069. Portrait von Banquier Scheel. 344. I. Vor der Schrift.
1070. Dasselbe.
1071. Dasselbe.
1072. Dasselbe. Verfälschter Abdruck. E. 1.

1073. Dasselbe. II. Beschnitten.
1074. 2 Bl. Dasselbe. Verfälschte Abdrücke. E. II. 1 und 2.
1075. 12 Bl. Heirathsanträge. 1. Folge. 345. II. In 2 Bl.
1076. Dasselbe.
1077. Dasselbe. Verfälschter Abdruck.
1078. Titelkupfer zur Geschichte eines Genie's, 1. Bd. 346.
1079. Dasselbe, neben dem Büchertitel.
1080. Dasselbe. Verfälschter Abdruck.
1081. Vignette zu Lavater's Jesus Messias. 347. II.
1082. Dasselbe.
1083. Dasselbe. III.
1084. Titelkupfer zu Schummel's Blumenthal, 1. Thl. 348.
1085. Dasselbe.
1086. Dasselbe, mit dem Büchertitel.
*1087. Dasselbe. Aetzdruck, von dem Künstler selbst bezeichnet.
1088. Dasselbe, ebenso.
*1089. 2 Vignetten zum Leben der Fürstin von Lippe-Detmold. 349. 350. I. Auf der unzerschnittenen Platte.
1090. 3 Bl. Dasselbe. II. 350 ist doppelt.
*1091. Vignette zu Meissner's Skizzen. 3. Sammlung. 351. I. Von der unvollendeten Platte.
1092. Dieselbe. Zweite Platte. I.
1093. Dieselbe.
1094. Dieselbe.
1095. Dieselbe. III. Auf dem Büchertitel.
*1096. Dieselbe. Aetzdruck. 2.
1097. Titelkupfer zu Westphal's Wilh. Edelwald. 1. Bd. 352.
1098. Dasselbe.
*1099. Dasselbe. Aetzdruck.
*1100. Dasselbe, übertuscht.
1101. Der kleine Calas. 353. II.
1102. Dasselbe.
1103. 2 Bl. Dasselbe. Verfälschte Abdrücke. E. 1 u. 2.
1104. Portrait von Wilh. Seb. von Belling. 354. I. Vor der Schrift.
1105. Dasselbe. Verfälschter Abdruck. E. 1.
1106. Dasselbe. II. Mit der Schrift.
1107. 4 Bl. Dasselbe. Verfälschte Abdrücke. E. 2—5.

1780. 35

*1108. Dasselbe. Aetzdruck.
*1109. Dasselbe.
1110. 12 Bl. Occupations des Dames. 355. II. In 2 Blatt.
1111. Dasselbe, auf 1 Bogen.
1112. Dasselbe, retouchirt.
1113. Dasselbe.
1114. 2 Expl. Dasselbe. Verfälschte Abdr. E. 1 u. 2.
1115. 12 Bl. Hochzeits-Gebräuche. 356. II. In 2 Bl.
1116. 12 Bl. Steckenpferdreiterei. 357. II.
1117. Dieselben in 12 Bl.
1118. 2 Titel zum Almanac de Goettingue. 358. I.
1119. Dasselbe. II.
1120. 3 Bl. Dasselbe. Verfälschte Abdrücke. E. 1. u. 2.
1121. 2 Bl. Kopfputz dazu. 359.
1122. Dasselbe. Verfälschter Abdruck.
*1123. Dasselbe. Aetzdruck, von dem Künstler selbst bezeichnet.
1124. Dasselbe.
1125. Penelope. 360. II.
1126. Dasselbe.
1127. Titel und Portrait zum Lauenburger Kalender. 361. I. Vor der Schrift.
1128. Dasselbe. II.
1129. 6 Bl. Dasselbe. Verfälschte Abdr. E. 1—6.
1130. 2 Bl. Kopfputz dazu. 362.
1131. Dasselbe.
1132. Dasselbe, beschnitten.
*1133. Dasselbe. Probedruck.
1134. 3 Bl. Kleidungen dazu. 363.
1135. Dasselbe, in 3 Bl.
*1136. 2 Bl. Dasselbe. Aetzdrücke.
1137. Titelkupfer zum Neujahrsgeschenke. 3. Theil. 364.
*1138. Dasselbe. Probedruck. Die Platte unrein.
*1139. Dasselbe. Ebenso.
1140. Titelkupfer zu Westphal's Edelwald. 2. Theil. 365.
1141. Dasselbe, mit dem Büchertitel.
1142. Dasselbe, ohne den Titel.
1143. Titelkupfer zur Geschichte eines Genie's. 366.
1144. Dasselbe, mit dem Büchertitel.
1145. Dasselbe. Verfälschter Abdruck. Ohne den Büchertitel.

1146. Dasselbe. Probedruck.
1147. Titelkupfer zu Grammont's Memoiren. 367.
1148. 3 Bl. zu Lichtenberg's Orbis pictus. 368.
1149. Dasselbe, beschnitten.
1150. Dasselbe. Verfälschter Abdruck.
*1151. Dasselbe. Aetzdruck.
1152. 6 Bl. zu Erasmus' Lob der Narrheit. 369—374.
I. Von der grossen Platte.
1153. Dieselben.
1154. Dieselben. II.
1155. 6 Bl. Dieselben. Doubletten, dabei ein Aetzdruck von 374, und 2 Verfälschungen.
1156. Vignette zu Tielke's Beiträge. 4. Stück. 375. I
1157. Dasselbe.
1158. Dasselbe.
1159. Dasselbe.
1160. 4 Bl. Dasselbe. Verfälschte Abdrücke. E. 1—4.
1161. Dasselbe. II.
1162. Vignette zu Cramer's Unterhaltungen. 376.
1163. Dasselbe.
1164. Dasselbe.
1165. Dasselbe. Matt.
1166. Dasselbe, auf dem Büchertitel.
1167. 4 Bl. Dasselbe. Verfälschte Abdrücke. E. 1—4.
1168. 7. Bl. zu Erasmus' Narrheit. Sein Portrait. 377.
I. Vor der Schrift.
1169. Dasselbe.
1170. 2 Bl. Dasselbe. Verfälschte Abdrücke.
1171. Dasselbe. II.
1172. Dasselbe. Verfälschter Abdruck.
1173. 8. Bl. zu Erasmus' Narrheit. Vignette. 378. I.
1174. Dasselbe.
1175. Dasselbe. Verfälschter Abdruck.
1176. Dasselbe. II. Mit dem Büchertitel.
1177. Portrait von Lüdke. 379.
1178. Dasselbe mit dem Büchertitel.
1179. 5 Bl. Dasselbe. Verfälschte Abdrücke. E. 1—5.

1781.

1180. 12 Bl. zu Voltaire's Schriften. 380. I. Vor der Schrift. In 12 Bl.
1181. Dasselbe. II.

1781.

*1182. Dasselbe. Aetzdrücke. In 12 Bl.
1183. Vignette zu Pestalozzi's Lienhard. 381.
*1184. Dasselbe. Aetzdruck.
1185. 12 Bl. Heirathsanträge. 2. Folge. 382. II. In 2 Bl.
1186. Dasselbe, in 12 Blatt geschnitten.
*1187. Dasselbe. Aetzdrücke.
1188. Vignette zu Hermes' Andachtsbuch. 383. II.
1189. Dasselbe, mit dem Büchertitel.
1190. 3 Bl. Dasselbe. Verfälschte Abdrücke. E. 1—3.
1191. Wilhelm Tell. 384. Probedruck, vor der Schrift. Oben beschnitten.
1192. Dasselbe. I.
1193. Dasselbe. Verfälschter Abdruck.
1194. Dasselbe. II.
1195. Dasselbe.
1196a. Dasselbe.
1196b. Dasselbe.
1196c. Dasselbe.
1197. 5 Bl. zu Ewald's Rolf Krage. 385—389.
1198. 4 Bl. aus der Folge. 386. 387. Verfälschte Abdrücke. E. 1 und 2.
*1199. 3 Bl. Dasselbe. Aetzdrücke von 385, 387 und 389.
1200. Titelkupfer zu Philipp von Freudenthal. 390.
1201. Dasselbe, mit dem Titel des Buches.
1202. 2 Bl. Dasselbe. Verfälschte Abdrücke. E. 1. 2.
*1203. Dasselbe. Aetzdruck.
1204. Titelkupfer zu Montague's Letters. 391.
1205. Dasselbe, mit dem Büchertitel.
1206. Titelkupfer zu Wilhelm von Blumenthal. 392.
1207. Dasselbe, mit dem Büchertitel.
1208. 3 Bl. Dasselbe. Verfälschte Abdrücke. E. 1—3.
1209. Titelkupfer zu Westphal's Portrait. 393.
1210. Dasselbe.
1211. Dasselbe. Verfälschter Abdruck.
*1212. Dasselbe. Aetzdruck.
1213. Die Werke der Finsterniss. I. Vor der Schrift.
1214. Dasselbe.
1215. 2 Bl. Dasselbe. Verfälschte Abdrücke. E. 1 u. 2.
1216. Dasselbe. II.
1217. Dasselbe. Verfälschter Abdruck, auf grünes Papier.
*1218. Dasselbe. Aetzdruck.

1219. 12 Bl. zu Grossmann's Sechs Schüsseln. 395. II. Mit der handschriftlichen Unterschrift des Künstlers.
1220. Dasselbe, in 2 Bl.
1221. Dasselbe. III. In 2 Bl.
*1222. Dasselbe. Aetzdrücke.
1223. 12 Bl. zur Histoire des Croïsades. 396. II. In 12 Bl.
1224. Dasselbe. Verfälschter Abdruck, auf 1 Bogen.
1225. Titel und Portrait zum Lauenburger Kalender. 397. I. Vor der Schrift.
1226. Dasselbe.
1227. Dasselbe. II.
*1228. Dasselbe. Aetzdruck, leider durch Verfälschung verunstaltet.
1229. 5 Bl. Kopfputz und Kleidungen zum Lauenburger Kalender. 398. 399. II.
1230. Dasselbe.
*1231. 3 Bl. aus derselben Folge. 398 a. und 399. d. e. Aetzdrücke.
*1232. 2 Bl. Kopfputz zum Almanac de Gotha. 400. I. Vor der Schrift.
1233. Dieselben. II.
1234. Dieselben, abgeschnitten.
1235. 3 Bl. Dasselbe. Verfälschte Abdrücke. E. 1—4.
1236. 4. Bl. zu Lichtenberg's Orbis pictus. 401.
1237. Dasselbe, matt.
1238. 2 Bl. zu Wezel's Wilhelmine Arend. 402. 403.
1239. Dieselben.
*1240. 2 Bl. Dieselben. Aetzdrücke. Von dem Künstler selbst bezeichnet.
1241. 2 Bl. Verfälschte Abdrücke von Nummer 402. E. 1. und 2.
1242. Vignette zu Sack's Predigten. 404.
1243. Dasselbe. Matt.
1244. Dasselbe, auf dem Büchertitel.
1245. 2 Bl. Dasselbe, ohne den Titel. Verfälschte Abdrücke. E. 1. und 2.
1246. Erste Vignette zu Hermes' Andachtsbuch. 405. II. Vor der Schrift.
1247. Dasselbe. Verfälschter Abdruck.
1248. Dasselbe. III.
1249. Vignette zu Becher's Toleranz. 406. II.
1250. Dasselbe.

1781 und 1782.

1251. Dasselbe, auf dem Büchertitel.
1252. 10 Bl. Dasselbe. II. und III., und verfälschte Abdrücke, in Gold, in Silber, auf Pergament in Farben etc. E. 1—7.
1253. 2 Bl. 15. u. 16. Bl. zu Hippel's Lebensläufe. 407 und 407 a. I. Vor der Pagina.
1254. Dasselbe.
1255. Dasselbe. Verfälschte Abdrücke.
1256. Dasselbe. II. In 2 Bl.
1257. Dasselbe, auf dem Büchertitel, auf 1 Bogen.
1258. 17. Bl. zu denselben. 408. I. Vor der Pagina.
*1259. Dasselbe. Aetzdruck.
1260. 2 Bl. 18. u. 19. Bl. zu denselben. 409 und 410.
1261. 2 Bl. Dasselbe, No. 410 2 Mal.
1262. 2 Bl. 20. u. 21. Bl. zu denselben. 411 und 412.
1263. 2 Bl zu denselben. No. 412 2 Mal.
1264. 22. Bl. zu denselben. 413. I.
1265. Dasselbe. II.
1266. 2 Bl. Dasselbe. No. 413 und Vignette 410. Auf dem Titel des Buches.
1267. 2 Bl. zu denselben. 414 und 415. II.
1268. 3 Bl. Dieselben. I. Verfälschte Abdrücke. 414 doppelt.
*1269. 2 Bl. Dieselben. Aetzdrücke.
1270. 2 Bl. zu S. Albrecht's Gedichte. 416 u. 416 a, auf dem Titel des Buches.
1271. Dasselbe.
1272. Dasselbe.
*1273. Dasselbe. Aetzdrücke.
1274. Zweite Vignette zu Hermes' Andachtsbuch. 417. I. Mit den Sternen.
1275. Dasselbe. II. Matt.
1276. Dasselbe, auf dem Büchertitel.
1277. Dasselbe. Verfälschter Abdruck.

1782.

1278. Die büssende Magdalena. 418.
1279. 2 Bl. Dasselbe, beschnitten.
1280. Dasselbe, mit dem Büchertitel.
1281. 12 Bl. zur Lanassa. 419. II. In 2 Bl.
1282. Dasselbe, in 12 Bl.
*1283. Dasselbe. Aetzdrücke. In 12 Bl.

1284. 2 Bl. 4. u. 5. Bl. zu Engelhard's Gedichten. 420. 421. 1.
1285. 3 Bl. Dieselben. II. 1 Bl. doppelt.
1286. 3 Bl. Dieselben. 420. I. 3 Mal. Verfälschte Abdrücke. E. 1. 2 und 3.
*1287. Dasselbe. 420. Aetzdruck.
1288. 5 Bl. 5 Vignetten zu Blumenbach's Menschenvarietäten. 422—426.
1289. 5 Bl. aus derselben Folge. Doubletten.
1290. 9 Bl. dieselbe Folge, nebst Doubletten; s. E.
*1291. 8 Bl. dieselbe Folge, Aetzdrücke, davon einige doppelt.
1292. Titelkupfer zu Eberhard's Amyntor. 427.
1293. Dasselbe, beschnitten.
1294. Dasselbe, mit dem Büchertitel.
*1295. Dasselbe. Aetzdruck.
1296. 4 Bl. zu Coventry's kleiner Cäsar. 428—431. 1.
1297. Dasselbe. II. In 2 Bl.
1298. Dasselbe, in 4 Bl.
1299. 6 Bl. Dasselbe. Verfälschte Abdrücke, davon 1 Bl. 3 Mal.
1300. Titelkupfer zu Joseph. 432.
1301. Dasselbe.
1302. Vignette zu Unzer's Brüder. 433.
1303. Dasselbe.
1304. Dasselbe.
1305. Dasselbe, mit dem Büchertitel.
1306. Dasselbe. Verfälschter Abdruck.
*1307. Dasselbe. Aetzdruck.
1308. Titelkupfer zu Winkopp's Hartungus. 434.
1309. Dasselbe.
1310. Dasselbe, mit dem Büchertitel.
*1311. Dasselbe. Probedruck.
1312. Titelkupfer zu Scarron's Roman. 435.
1313. Dasselbe. Verfälschter Abdruck. E. 1.
1314. 1. Bl. zu Klein's Leben grosser Deutschen. 1. Bd. 436. Erste Platte, beschnitten.
1315. Dasselbe, beschnitten und gerieben.
1316. Dasselbe. Späterer Abdruck. Mit Rand.
1317. Dasselbe. Verfälschter Abdruck.
1318. Dasselbe. Zweite Platte. I. Vor der Unterschrift.
1319. Dasselbe.

1320. Dasselbe.
1321. 3 Bl. Dasselbe. Verfälschte Abdrücke. E. 1—3.
1322. Dasselbe. II. Mit der ersten Unterschrift.
1323. Dasselbe. Verfälschter Abdruck. E. 2.
1324. Dasselbe. III. Mit der zweiten Unterschrift.
1325. Dasselbe.
*1326. Dasselbe. Aetzdruck.
1327. Vignette zur Elegie auf Barez' Tod. 437.
1328. Dasselbe.
1329. Dasselbe.
1330. 4 Bl. Dasselbe Verfälschte Abdrücke. E. 1—4.
1331. 12 Bl. zu Rousseau's Heloise. 438. II. In 2 Bl.
*1332. Dasselbe. III.
1333. 12 Bl. zu Huon de Bordeaux. 439. In 12 Bl.
1334. 12 Bl. zum Centifolium stultorum. 440. I. Vor der Schrift.
1335. Dasselbe.
1336. Dasselbe. II.
1337. Dasselbe, in 2 Bl.
*1338. Dasselbe. Aetzdruck.
1339. Die Frau mit zwei Kindern. 440 a.
1340. Dasselbe. Späterer Abdruck.
1341. Dasselbe. Ebenso.
1342. Dasselbe. Ebenso.
1343. 3 Bl. Dasselbe. Verfälschte Abdrücke. E. 1—3.
1344. Titel und Portrait zum Lauenburger Kalender. 441. I.
1345. Dasselbe.
1346. Dasselbe.
1347. Dasselbe. Verfälschter Abdruck.
1348. Dasselbe. II.
1349. Dasselbe. Verfälschter Abdruck.
1350. 5 Bl. Kopfputz und Kleidungen zum Lauenburger Kalender. 442 u. 443. I. Vor der Schrift.
1351. Dasselbe.
1352. Dasselbe. Verfälschter Abdruck. E. 1.
1353. Dasselbe. II.
1354. 12 Bl. zu Pestalozzi's Lienhard und Gertrud. 444—455. Auf 3 Bogen.
1355. Dieselben. Ebenso.
1356. Dieselben, auf 4 Bogen.
1357. Dieselben. Verfälschte Abdrücke, auf 7 Bl.
1358. Dieselben. Andere verfälschte Abdrücke, auf 6 Bl.

1359. 12 Bl. Dieselben. Doubletten und verfälschte Abdrücke.
1360. Titelkupfer zu: Ueber das Ganze der Maurerei. 456.
*1361. Dasselbe. Aetzdruck.
1362. Titelkupfer zu Meissner's Skizzen. 457. I. Grosse Platte.
1363. Dasselbe.
1364. Dasselbe. Verfälschter Abdruck. E. I.
1365. Dasselbe, mit dem Büchertitel.
1366. Dasselbe, abgeschnitten.
1367. Dasselbe. II. Abgeschnitten.
1368. Dasselbe. Verfälschter Abdruck. E. II.
1369. Dasselbe, mit einer zweiten beigedruckten Platte nach Mechau von Geyser.
1370. Vignette zu Miller's Verschanzungskunst. 458.
1371. Dasselbe.
1372. Dasselbe.
1373. Dasselbe.
1374. Daselbe, röthlich gedruckt
1375. Dasselbe, auf dem Büchertitel.
1376. Titelkupfer zu den Psalmen. 459. I. Vor der Schrift.
1377. Dasselbe. II.
1378. Dasselbe, späterer Abdruck, abgeschnitten.
*1379. Dasselbe. Aetzdruck.
*1380. Dasselbe, beschnitten.
1381. 1. Bl. zu den Mémoires des Refugiés. 460. I. Vor der Schrift. Matt.
1382. Dasselbe. II.
1383. 2 Bl. Dasselbe. Verfälschte Abdrücke. E. 1 u. 2.
*1384. Dasselbe. Aetzdruck.
*1385. Dasselbe. Aetzdruck.
1386. Portrait von S. J. E. Stosch. 461. I.
1387. Dasselbe.
1388. Dasselbe. Verfälschter Abdruck. E. 1.
1389. Dasselbe. II.
1390. Dasselbe, mit dem Büchertitel.
1391. Dasselbe. Verfälschter Abdruck. E. 2.
1392. 6 Bl. zu Schiller's Räuber. 462. I. Vor der Schrift.
1393. Dasselbe, in 2 Bl.
1394. 7 Bl. Dasselbe. II. Mit 1 Doublette.

1782 und 1783. 43

1395.	6 Bl. Dasselbe. Verfälschte Abdrücke. E. In 2 Blatt.	
*1396.	Dasselbe. Aetzdrücke.	
*1397.	Dasselbe, abgeschnitten.	
1398.	2. Bl. zu Klein's Leben grosser Deutschen. 1. Bd. 463. I. Vor der Schrift.	
1399.	5 Bl. Dasselbe. Verfälschte Abdrücke. E. 1—5.	
1400.	Dasselbe. II.	
1401.	Dasselbe. Verfälschter Abdruck.	
1402.	Dasselbe. III.	
1403.	Dasselbe. IV.	
1404.	Dasselbe.	
*1405.	Dasselbe. Aetzdruck.	
*1406.	Dasselbe. Aetzdruck.	

1783.

1407.	12 Bl. zu Yorick's Reisen. 464. II.
1408.	Dasselbe. Verfälschter Abdruck. E. 1.
1409.	Dasselbe. Verfälschter Abdruck. E. 2.
1410.	Dasselbe. Verfälschter Abdruck. E. 3.
*1411.	Dasselbe. Aetzdruck. Von dem Künstler handschriftlich bezeichnet, unter No. 9 eine kleine Flasche einradirt.
*1412.	Dasselbe. Ebenso.
1413.	1. Bl. zu Lavater's Messias. 465. II.
1414.	Dasselbe.
1415.	Dasselbe.
*1416.	Dasselbe. Aetzdruck.
1417.	2. Bl. dazu. 466. I. Vor der Schrift.
1418.	Dasselbe. Matter.
1419.	Dasselbe. II.
*1420.	Dasselbe. Aetzdruck.
1421.	Titelkupfer zu Zarewitsch Chlor. 467.
1422.	Dasselbe, mit dem Büchertitel.
1423.	Dasselbe. Verfälschter Abdruck.
*1424.	Dasselbe. Probedruck.
*1425.	Dasselbe. Aetzdruck.
1426.	6 Bl. 2.—7. Bl. zum Wandsbecker Boten. 468—473.
1427.	6 Bl. aus der Folge, dabei 1 Bl. verfälscht, und 1 Aetzdruck von 469.
*1428.	3 Bl. Aetzdrücke a. d. Folge. 468, 471 u. 473.
1429.	1 Bl. Dasselbe. Aetzdruck von 468.

1430.	2 Blatt. 2. und 3. Bl. zur Bibliothek der Romane. 474 und 475. I.	
1431.	Dasselbe.	
1432.	Dasselbe. II.	
1433.	Dasselbe, abgeschnitten.	
*1434.	Dasselbe. Erster Aetzdruck.	
1435.	2 Bl. von der Vignette 475, dabei ein verfälschter Abdruck.	
1436.	2 Blatt. 1. und 2. Bl. zu Salzmann's Carlsberg. 476 und 477. I.	
1437.	Dasselbe, beschnitten.	
1438.	Dasselbe. II.	
1439.	3 Bl. Dasselbe. I. Verfälschte Abdrücke. 476 doppelt.	
1440.	Vignette zu Meissner's Skizzen. 5. Sammlung. 478. I.	
1441.	Dasselbe.	
1442.	Dasselbe.	
*1443.	Dasselbe. Aetzdruck.	
1444.	3. Bl. zu Klein's Leben grosser Deutschen. 479. I. Vor der Schrift.	
1445.	3 Bl. Dasselbe. Verfälschte Abdrücke. E.1—3.	
1446.	Dasselbe. II.	
1447.	Dasselbe.	
1448.	Dasselbe. III.	
1449.	Dasselbe.	
*1450.	Dasselbe. Aetzdruck.	
1451.	12 Bl. zu Siegfried von Lindenberg. I. Vor der Schrift. In 2 Bl.	
1452.	Dasselbe. II. In 2 Bl.	
*1453.	Dasselbe. Aetzdrücke. Von dem Künstler selbst bezeichnet.	
1454.	12 Bl. zu Adelheid von Veltheim. 481. I. Vor der Schrift.	
1455.	Dasselbe. II. In 2 Bl.	
1456.	Dasselbe. Verfälschter Abdruck. E. 1.	
1457.	Dasselbe. Verfälschter Abdruck. E. 2.	
*1458.	Dasselbe. Probedruck.	
1459.	12 Bl. zu Le Sage Gilblas. 482. II.	
1460.	Dasselbe, von dem Künstler selbst als mangelhaft bezeichnet.	
1461.	Dasselbe. Verfälschter Abdruck. Ueber No. 10 fünf Männerköpfe.	

1462. Dasselbe. III. In 12 Bl.
*1463. Dasselbe. Aetzdrücke.
1464. Titel und Portrait zum Lauenburger Kalender. 483. I. Vor der Schrift.
1465. Dasselbe.
1466. Dasselbe. Verfälschter Abdruck.
1467. Dasselbe. II.
1468. 2 Bl. Dasselbe. Verfälschte Abdrücke.
1469. 1. Blatt zu Lavater's Jesus Messias. 484. I. Vor der Schrift.
1470. Dasselbe. II.
1471. Dasselbe. Verfälschter Abdruck.
1472. Dasselbe. Copie.
1473. 2. Bl. zu demselben. 485. I. Vor der Schrift.
*1474. Dasselbe. Probedruck.
1475. 3. Bl. zu demselben. 486. I. Vor der Schrift.
1476. Dasselbe. II. Vor der Schrift.
1477. Dasselbe, beschnitten.
1478. Dasselbe. III.
1479. 4 Bl. zu Müller's Siegfried von Lindenberg. 487—490. I. Vor der Schrift.
1480. 5 Bl. Dieselben. No. 488 ist doppelt.
1481. 4 Bl. Dieselben. Verfälschte Abdrücke.
1482. 4 Bl. Dieselben, mit andern Verfälschungen.
1483. 7 Bl. Dieselben, nebst Doubletten, sämmtlich verfälschte Abdrücke.
*1484. 1 Bl. Dasselbe. No. 490. Aetzdruck.
1485. Titelkupfer zu Zarewitsch Fewei. 491.
1486. Dasselbe.
1487. Dasselbe, mit dem zweiten Büchertitel.
1488. 5 Bl. Dasselbe. Verfälschte Abdrücke. E. 1—5.
1489. 12 Bl. zu Sprengel's Nordamerikanische Revolution. 492. II. Vor der Schrift. Verfälschte Abdrücke.
1490. Dasselbe. III. In 2 Bl.
*1491. Dasselbe. Aetzdruck.
1492. 2. Kupfer zu den Mémoires des Refugiés. I. Vor der Schrift.
1493. Dasselbe. II.
1494. Dasselbe.
1495. Dasselbe. Verfälschter Abdruck.

1496. 3. u. 4. Bl. zu Salzmann's Carlsberg. 494 u. 495.
Auf 1 Platte.
1497. Dasselbe, beschnitten.
1498. 4 Bl. Dasselbe. Verfälschte Abdrücke.
1499. 5 Bl. Dasselbe. 1. und 2. Abdrücke, und mit dem Büchertitel.

1784.

1500. 4 Bl. zu Weisse's Briefwechsel. 496—499. I.
1501. Dasselbe.
1502. Dasselbe, dabei die Vignette mit dem Büchertitel.
1503. 10 Bl. Dasselbe. Doubletten, meist mit Verfälschungen.
*1504. 1 Bl. Dasselbe. No. 496. Probedruck.
1505. 4. Bl. zu Klein's Leben grosser Deutschen. 500. I. Vor der Schrift. Beschnitten.
1506. Dasselbe. II.
1507. Dasselbe.
1508. Dasselbe.
1509. 3 Bl. Dasselbe. Verfälschte Abdrücke. E. 1—3.
1510. Dasselbe. III.
1511. Dasselbe.
*1512. Dasselbe. Probedruck.
1513. Vignette zu Seyffert's Morgenandachten. 501. I. Vor der Schrift. Beschnitten.
1514. Dasselbe. II.
1515. Dasselbe, auf dem Büchertitel.
1516. Dasselbe. Aetzdruck. Von dem Künstler selbst mit Bleistift beschrieben.
1517. 3 Bl. zu Ewald's Balder's Tod. 502—504.
1518. 5 Bl. z. d. Folge, zum Theil beschnitten. 2 Bl. doppelt.
1519. 3 Bl. Dieselben. Verfälschte Abdrücke.
1520. Dieselben, mit andern Verfälschungen.
1521. Dieselben, mit andern Verfälschungen.
1522. Dieselben, mit andern Verfälschungen.
1523. 5 Bl. Verfälschungen von No. 503 und 504.
1524. 3 Bl. zu Ewald's Fischer. 505-507. II.
1525. Dieselben.
1526. 6 Bl. Dieselben, zum Theil beschnitten, nebst Doubletten.
1527. 3 Bl. Dieselben. Verfälschte Abdrücke.
1528. Dieselben, mit andern Verfälschungen.

1529. Dieselben, mit andern Verfälschungen.
1530. Dieselben, mit andern Verfälschungen.
1531. 6 Bl. Dieselben, mit andern Verfälschungen, nebst Doubletten.
1532. 4. und 5. Bl. zu Reichard's Bibliothek der Romane. 508 und 509. I.
1533. Dieselben.
1534. 2 Expl. Dieselben. Verfälschte Abdrücke.
1535. 3 Bl. Dieselben. II Mit dem Büchertitel, die Vignette doppelt.
*1536. 3 Bl. Dieselben. Aetzdrücke. Die Vignette doppelt und verschnitten.
1537. 5. u. 6. Bl. zu Salzmann's Carlsberg. 510 u. 511. I.
1538. Dasselbe.
1539. Dasselbe. Verfälschter Abdruck. E. 1. Mit „Ueb' immer Treu und Redlichkeit" auf Noten!
1540. Dasselbe. Verfälschter Abdruck. E. 2. Mit dem grossen liegenden Esel!
1541. Dasselbe. Die Vignette allein, auf dem Büchertitel.
1542. 6. Bl. zu Lavater's Jesus Messias. 512. I.
1543. Dasselbe.
1544. Dasselbe. II.
*1545. Dasselbe. Aetzdruck.
*1546. Dasselbe.
1547. 12 Bl. Männliche und weibliche Eigenschaften. 513. I. Vor der Schrift.
1548. Dasselbe. II.
*1549. Dasselbe. Aetzdruck.
1550. 12 Bl. zu Shakespeare's Macbeth. 514. I. Vor der Schrift.
1551. Dasselbe.
1552. Dasselbe. II. Auf 2 Bogen.
1553. Dasselbe. Verfälschter Abdruck. Auf 4 Bogen.
*1554. Dasselbe. Aetzdruck. Von dem Künstler selbst bezeichnet.
1555. 12 Bl. zu Bretzner's Eheprocurator. 515. I. Vor der Schrift.
1556. Dasselbe. II. Auf 2 Bogen.
*1557. Dasselbe. Probedrücke, von dem Künstler selbst bezeichnet.
1558. Titel und Portrait zum Lauenburger Kalender. 516.
1559. 2 Expl. Dasselbe. Verfälschte Abdrücke.

*1560. Dasselbe. Aetzdrücke.
1561 12 Bl. zur Geschichte der Menschheit. 517. I. Vor der Schrift.
1562. Dasselbe. Verfälschter Abdruck. E. 1.
1563. Dasselbe. Verfälschter Abdruck. E. 2.
1564. Vignette zu Seyffert's Andachten. 518. II.
1565. Dasselbe.
1566. Dasselbe.
1567. Dasselbe. Verfälschter Abdruck.
1568. Dasselbe, mit dem Büchertitel.
1569. Titelkupfer zu den komischen Erzählungen. 519.
1570. 3 Bl. Dasselbe. Verfälschte Abdrücke, mit einer Doublette.
1571. Dasselbe, mit dem Büchertitel.
*1572. Dasselbe. Aetzdruck.
1573. 6. Bl. zu Reichard's Bibliothek der Romane. 520.
1574. 4 Bl. Dieselben. Verfälschte Abdrücke. E. 1—4.
1575. 8 Bl. 1.—7. Bl. zu Richardson's Clarisse. 521 —527. 1., und 1 Bl. doppelt mit Verfälschung.
*1576. 4 Bl. zu derselben. Aetzdrücke. No. 522—525.
1577. Die Cavalcata infortunata. 527 a.
1578. Dasselbe.
1579. 3 Expl. Dasselbe. Verfälschte Abdrücke. E. 1—3.
1580. 7. Bl. zu Lavater's Messias. 528. I. Vor der Schrift.
1581. 3 Expl. Dasselbe. Verfälschte Abdrücke.
1582. Dasselbe. II.
*1583. Dasselbe. Erster Aetzdruck.
*1584. Dasselbe. Zweiter Aetzdruck.
1585. 2 Bl. Dasselbe. Verfälschte Abdrücke.
1586. 3. Kupfer zu den Mémoires des Refugiés. 529. I.
1587. Dasselbe. Verfälschte Abdrücke.
1588. Dasselbe. II.
1589. Portrait des Prof. Boehm. 530. Vor der Schrift.
1590. Dasselbe.
1591. Dasselbe.
1592. Dasselbe. Verfälschter Abdruck.
1593. Dasselbe. II. Mit der Schrift.
1594. Dasselbe, mit dem Büchertitel.
1595. Titelkupfer zu De la Veaux Grammaire. 531. I.
1596. Dasselbe.
1597. 5 Bl. Dasselbe. Verfälschte Abdrücke. E. 1—5.

1598. Dasselbe. II.
1599. Dasselbe, mit dem Büchertitel.

1785.

1600. 8. Bl. zu Lavater's Messias. 3. Bd. 532. I. Vor der Schrift.
1601. Dasselbe. Verfälschter Abdruck.
1602. Dasselbe. II.
*1603. Dasselbe. Probedruck a).
*1604. Dasselbe. Probedruck b).
*1605. Dasselbe.
1606. 2 Bl. Dasselbe. Verfälschte Abdrücke.
*1607. Dasselbe. Aetzdruck.
*1608. Dasselbe.
1609. 12 Bl. zu Smollett's Peregrine Pickle. 533. I. Vor der Schrift.
1610. Dasselbe. II.
1611. Dasselbe.
1612. Dasselbe, in 2 Bl.
1613. 2 Expl. Dasselbe. Verfälschte Abdrücke. E. 1 u. 2.
1614. 5. Bl. zu Klein's Leben grosser Deutschen. 534. I. Vor der Schrift. Beschnitten.
1615. Dasselbe. II.
1616. Dasselbe.
1617. 3 Expl. Dasselbe. Verfälschte Abdrücke. E. 1—3.
1618. Dasselbe. III.
1619. Dasselbe.
*1620. Dasselbe. Aetzdruck.
1621. Titelkupfer zu Rousseau's Heloise. 535.
·1622. 3 Bl. Dasselbe. Verfälschte Abdrücke. E. 1—3.
1623. 3 Bl. Dasselbe. Verfälschte Abdrücke. E. 4—6.
*1624. Dasselbe. Aetzdruck.
1625. 7. und 8. Bl. zu Salzmann's Carl von Carlsberg. 536 u. 537. I.
1626. 3 Expl. Dasselbe. Verfälschte Abdrücke. E. 1—3.
1627. 3 Expl. Dasselbe. Verfälschte Abdrücke. E. 5—7.
1628. 6 Bl. Dasselbe, meist blos No. 537, mit verfälschten Abdrücken. E. 4. und 8.
*1629. 2 Bl. Dasselbe. Zweiter Probedruck.
1630. 7. Bl. zu Reichard's Bibliothek der Romane. 538.
1631. Dasselbe, beschnitten.
1632. 3 Bl. Dasselbe. Verfälschte Abdrücke.

*1633.	Dasselbe. Erster Aetzdruck.	
*1634.	2 Bl. Dasselbe. Zweite Aetzdrücke. Leider verfälschte Abdrücke. E. 1 und 2.	
*1635.	3 Bl. Dasselbe. Ebenso. E. 3—5.	
1636.	12 Bl. zu Shakespeare's Heinrich der Vierte. 539. I. Vor der Schrift.	
1637.	Dasselbe. Verfälschter Abdruck. E. 1.	
1638.	Dasselbe. II. In 2 Bl.	
1639.	Dasselbe. III.	
1640.	Dasselbe. Verfälschter Abdruck. E. 2.	
1641.	Dasselbe. Verfälschter Abdruck. E. 1.	
1642.	Leopold's von Braunschweig Tod in der Oder. III. Mit dem schwimmenden Menschen.	
1643.	Dasselbe. Verfälschter Abdruck. E. 1. Auf braun Papier und weiss gehöht.	
1644.	Dasselbe. IV.	
1645.	Dasselbe. Matt.	
1646.	Dasselbe. Matt.	
1647.	3 Bl. Dasselbe. Verfälschte Abdrücke. E. 1—3.	
*1648.	Dasselbe. Aetzdruck a. Mit dem schwimmenden Ochsen.	
1649.	12 Bl. zu Schiller's Cabale und Liebe. 541. I. Vor der Schrift.	
1650.	Dasselbe. II.	
1651.	Dasselbe. Verfälschter Abdruck. E. 2.	
*1652.	Dasselbe. Probedruck.	
1653.	4 Bl. Erste bis vierte Vignette zur Elegie auf des Künstlers Gattin. 542—545. Von der zerschnittenen Platte.	
1654.	7 Bl. Dieselben, Doubletten und ein Aetzdruck von 544, dabei 4 Verfälschungen.	
*1655.	8 Bl. Dieselben, auf den zwei eingedruckten Leichengedichten auf die Gattin des Künstlers.	
1656.	Vignette zu Holtzendorff's Genesung. 546. I. Mit dem weissen Flügel.	
1657.	Dasselbe. II.	
1658.	Dasselbe. Verfälschter Abdruck. E. 2.	
1659.	2 Bl. Dasselbe. Verfälschte Abdrücke. E. 1.	
*1660.	Dasselbe. Aetzdruck.	
1661.	Portrait von Hamser Trunion. 547. I. Aber links abgeschnitten.	
1662.	2 Bl. Dasselbe. Verfälschte Abdrücke. E. 2 u. 3.	

1785 und 1786.

1663. Dasselbe. II. Mit der Copie von Berger.
*1664. Dasselbe. Probedruck.
1665. Titelkupfer zu Krasicki's verjüngter Greis. 548. II.
1666. Dasselbe.
1667. 4 Bl. Dasselbe. Verfälschte Abdrücke. E. 1—4.
1668. 12 Bl. zu Le Mariage de Figaro. 549. I. Vor der Schrift.
1669. Dasselbe. Verfälschte Abdrücke. E. 1.
1670. Dasselbe. II. In 2 Bl.
1671. Dasselbe. Verfälschte Abdrücke. E. 2.
*1672. Dasselbe. Probedruck.
1673. 9 Bl. 8.— 15. Bl. zu Richardson's Clarisse. 550 bis 557. Zerschnitten und 1 Bl. doppelt.
1674. 8 Bl. Dieselben. Verfälschte Abdrücke. Unzerschnitten.
*1675. 8 Bl. Dieselben. Aetzdrücke, zum Theil zerschnitten.
1676. Vignette zu Hermes' Beyträge. 558. I. Vor der Schrift.
1677. Dasselbe. II.

1786.

1678. 12 Bl. zu Iffland's Jäger. 559. I. Vor der Schrift.
1679. Dasselbe. II.
1680. Dasselbe.
1681. Dasselbe. In 2 Bl.
1682. Dasselbe. Verfälschter Abdruck. E. 1.
1683. Dasselbe. Verfälschter Abdruck. E. 2.
1684. Dasselbe. Verfälschter Abdruck. E. 3.
1685. 4. Bl. zu den Mémoires des Refugiés. 560 I., aber mit Verfälschung und beschnitten.
1686. Dasselbe. II.
1687. 2 Bl. Dasselbe. Verfälschte Abdrücke. E. 1 und 2.
*1688. Dasselbe. Probedruck.
1689. Titelkupfer zu Katharina's Erzählungen. 561.
1690. Dasselbe.
1691. Dasselbe, mit dem Büchertitel.
1692. 6 Bl. Dasselbe. Verfälschte Abdrücke. E. 1 bis 5 und 7.
1693. 6 Bl. zu Ostindische Gebräuche. 562. I.
1694. Dasselbe. II. Verfälschter Abdruck.

*1695. Dasselbe. Probedruck.
1696. Blanquet zu den Patenten der Königl. Akademie in Berlin. 563. I.
1697. Dasselbe.
1698. 3 Bl. Dasselbe. Verfälschte Abdrücke. E. 1—3.
1699. Titelkupfer zu Will's Triumph. 564.
1700. Dasselbe, mit dem Büchertitel.
1701. 3 Bl. Dasselbe. Verfälschte Abdrücke. E. 1—3.
1702. Ziethen, vor seinem Könige sitzend. 565. I. Vor der Schrift.
1703. Dasselbe.
1704. Dasselbe, bis zum Plattenrande beschnitten.
1705. Dasselbe, über den Plattenrand beschnitten.
1706. Dasselbe. Verfälschter Abdruck.
1707. Dasselbe. II.
1708. Erklärungsblatt hierzu. 566.
1709. Dasselbe.
1710. Dasselbe.
*1711. Dasselbe. Aetzdruck.
*1712. Dasselbe, von dem Künstler selbst so bezeichnet.
1713. Dasselbe. Verfälschter Abdruck.
1714. 12 Bl. Brandenburgische Kriegsscenen. 567. I. Vor der Schrift.
1715. Dasselbe. Verfälschter Abdruck. E. 1.
1716. Dasselbe. Verfälschter Abdruck. E. 2.
1717. Dasselbe. Verfälschter Abdruck. E. 4.
1718. Dasselbe. Verfälschter Abdruck. E. 3.
1719. Dasselbe. II. In 2 Bl.
1720. Dasselbe. III. Verfälschter Abdruck. E. 1.
1721. Dasselbe. Verfälschter Abdruck. E. 2.
1722. Dasselbe. Verfälschter Abdruck. E. 3. In 4 Bl.
*1723. Dasselbe. Probedruck.
1724. Dasselbe. Verfälschter Abdruck. E. 1. In 12 Bl.
1725. 12 Bl. zu Shakespeare's Lustige Weiber. 568. I. Vor der Schrift.
1726. Dasselbe. II.
1727. Dasselbe, in 2 Bl.
1728. Dasselbe. Verfälschter Abdruck. E. 2.
1729. Dasselbe. Verfälschter Abdruck. E. 1.
1730. 12 Bl. zu Karoline von Lichtfield. 569.
1731. 2 Expl. Dasselbe. Verfälschte Abdrücke. E. 1 u. 2.
1732. 2 Expl. Dasselbe. Verfälschte Abdrücke. E. 3 u. 4.

1733. 3 Exempl. Dasselbe. Verfälschte Abdrücke.
E. 5, 6 u. 7.
1734. Die Einsetzung des Abendmahls. 570. I. Vor der Schrift.
1735. Dasselbe. II.
1736. Dasselbe.
1737. Dasselbe, abgeschnitten.
1738. Dasselbe, auf dem Büchertitel.
*1739. Dasselbe. Aetzdruck.
1740. 12 Bl. zu Shakespeare's Coriolan. 571. II.
1741. Dasselbe, fleckig und beschnitten.
1742. Dasselbe, ebenso.
1743. Dasselbe, ebenso.
1744. Dasselbe, ebenso.
1745. 6 Exempl. Dasselbe. Verfälschte Abdrücke. E. 1—6.
1746. Verbesserung der Sitten. 572.
1747. 4 Blatt. Dasselbe. Verfälschte Abdrücke. E. 1, 2, 3 und 4.
1748. 6 Blatt. Dasselbe. Verfälschte Abdrücke. E. 5—9. Davon eine Verfälschung doppelt.
*1749. Dasselbe. Aetzdruck.
1750. 5. Kupfer zu den Mémoires des Réfugiés. 573. II.
1751. Dasselbe. III.
1752. 2 Bl. Dasselbe. Verfälschte Abdrücke. E. 1 und 2.
*1753. Dasselbe. Aetzdruck.

1787.

1754. Erster Fächer: Allegorie auf die Huldigung Friedrich Wilhelm's II. 574.
1755. Dasselbe. Verfälschter Abdruck. E. 1.
1756. Dasselbe. Verfälschter Abdruck. E. 2.
1757. Zweiter Fächer: Apotheose König Friedrich's II. 575.
1758. Dasselbe. Verfälschter Abdruck. E. 1.
1759. Dasselbe. Verfälschter Abdruck. E. 2.
1760. 6. Bl. zu Klein's Leben grosser Deutschen. 576. Vor der Schrift. Beschnitten.
1761. Dasselbe. I.
1762. Dasselbe. Verfälschte Abdrücke.
1763. Dasselbe. II.

1764.	Dasselbe.
1765.	5 Blatt. 4 Bl. zu Goethe's Schriften. 577—580. II. und 580 mit dem Büchertitel.
1766.	10 Bl. Dieselben, ohne die Vignette. Mehrere doppelt und verfälschte Abdrücke.
*1767.	3 Bl. Dieselben. Aetzdrücke von 577—579.
1768.	1. Bl. zu Gotter's Gedichten. 581.
1769.	Dasselbe, auf dem Büchertitel.
1770.	12 Bl. zu Camille. 582. I. Vor der Schrift.
1771.	Dasselbe. II. In 2 Bl.
1772.	Dasselbe. Verfälschter Abdruck. E. 1.
1773.	Dasselbe. Verfälschter Abdruck. E. 2.
1774.	Dasselbe. Verfälschter Abdruck. E. 3.
1775.	12 Bl. zu Shakespeare's Sturm. 583. II.
1776.	Dasselbe, beschnitten.
1777.	2 Expl. Dasselbe. Verfälschte Abdrücke. E. 1 u. 2.
1778.	2 Exempl. Dasselbe. Verfälschte Abdrücke. E. 3 und 4.
*1779.	Dasselbe. Aetzdrücke, von dem Künstler so bezeichnet.
1780.	Portrait von J. A. Hermes. 584.
1781.	5 Blatt. Dasselbe. Verfälschte Abdrücke. E. 1—5.
*1782.	Dasselbe. Aetzdruck.
1783.	Titelkupfer zu Blumenbach's Naturgeschichte. 585.
1784.	2 Blatt. Dasselbe. Verfälschte Abdrücke. E. 1 und 2.
*1785.	Dasselbe. Aetzdruck.
1786.	Vignette zu Blumenbach's Bildungstrieb. 586.
1787.	Dasselbe.
1788.	4 Blatt. Dasselbe. Verfälschte Abdrücke. E. 1—4.
*1789.	Dasselbe. Aetzdruck.
1790.	Das Auge der Vorsehung. 587. I.
1791.	Dasselbe.
1792.	Dasselbe. II a. Mit deutscher Inschrift, ohne das Gebet.
1793.	Dasselbe. II b. Mit polnischer Inschrift, und polnischem Gebet.
1794.	3 Bl. Dasselbe. Verfälschte Abdrücke, ohne das Gebet. E. 1—3.
1795.	12 Bl. zur Cecilie. 588.

1796. Dasselbe. Verfälschter Abdruck. E. 1.
1797. Dasselbe. Verfälschter Abdruck. E. 2.
1798. Allegorie auf die Einäscherung Ruppin's. 589.
1799. 3 Bl. Dasselbe. Verfälschte Abdrücke. E. 1—3.
*1800. Dasselbe. Aetzdruck.
*1801. Dasselbe. Probedruck.
*1802. Dasselbe, ebenso, von dem Künstler selbst so bezeichnet.
1803. 3 Blatt. 2.—4. Bl. zu Gotter's Gedichte. 590—92. I. Vor der Schrift.
1804. Dasselbe. Dabei ein verfälschter Abdruck von 590.
1805. 9 Bl. Dasselbe. Verfälschte Abdrücke, mit Doubletten.
1806. 3 Bl. Dasselbe. II.
*1807. 2 Bl. Dasselbe. Aetzdrücke von 590 u. 591.

1788.

1808. 6. Kupfer zu den Mémoires des Réfugiés. 593. I. Vor der Schrift.
1809. Dasselbe. II.
1810. 6 Bl. Dasselbe. Verfälschte Abdrücke. E. 1 bis 5. Ein Blatt doppelt.
*1811. Dasselbe. Aetzdruck.
1812. 2 Bl. zu Bretzner's Leben eines Lüderlichen. 594 und 595.
1813. 6 Bl. Dasselbe. Verfälschte Abdrücke. 594. E. 1—4. 595. E. 1 u. 2.
*1814. Dasselbe. Aetzdruck von 594.
*1815. Dasselbe. Aetzdruck von 595.
*1816. Dasselbe. Probedruck von 595.
1817. Titel zum Lauenburger Kalender. 596. I. Vor der Schrift.
1818. Dasselbe.
1819. Dasselbe. Verfälschter Abdruck. E. 1.
1820. Dasselbe. II.
1821. Dasselbe.
1822. Dasselbe. Verfälschter Abdruck. E. 2.
1823. Vignette zu Lavater's Menschenkenntniss. 597.
1824. 4 Blatt. Dasselbe. Verfälschte Abdrücke. E. 1—4.
1825. Dasselbe, mit Usener's Namen.
1826. 12 Bl. zu Beweggründe zum Heirathen. 598. I. Vor der Schrift.

1827. Dasselbe.
1828. Dasselbe. Verfälschte Abdrücke. E. 1.
1829. Dasselbe. II.
1830. 3 Exempl. Dasselbe. Verfälschte Abdrücke. E. 1—3.
1831. Dasselbe. III. Nebst der Hälfte mit Verfälschungen. E. 3.
1832. 12 Bl. Modethorheiten. II. 599.
1833. Dasselbe. Verfälschter Abdruck. E. 1.
1834. Dasselbe. Verfälschter Abdruck. E. 2.
*1835. Dasselbe. Probedruck.
1836. 12 Bl. zu den Anekdoten Friedrich's II. 600. Mit der Schrift. In 2 Bl.
1837. Dasselbe, ebenso. Beschnitten.
1838. 2 Exempl. Dasselbe. Verfälschte Abdrücke. E. 1 und 2.
1839. 2 Exempl. Dasselbe. Verfälschte Abdrücke. E. 3 und 4.
*1840. Dasselbe. Probedruck.
*1841. Dasselbe, Probedruck, von dem Künstler selbst so bezeichnet.
*1842. Dasselbe. Gegendruck.
1843. Titelkupfer zum Berliner Kalender. 601. I.
1844. Dasselbe, abgeschnitten.
1845. Dasselbe, ebenso.
1846. Dasselbe. Verfälschter Abdruck. E. 1.
1847. Dasselbe. II.
*1848. Dasselbe. Aetzdruck.
1849. 4 Bl. zur Geschichte des holländischen Kriegs. 602. I. Vor der Schrift.
1850. Dasselbe. II.
1851. 4 Exempl. Dasselbe. Verfälschte Abdrücke. E. 1 bis 4.
1852. 1 Exempl. Dasselbe. III.
1853. Dasselbe. Verfälschter Abdruck. E. a.
1854. 1. Kupfer zu Veit Weber's Sagen. 603. I.
1855. 2 Bl. Dasselbe. Verfälschte Abdrücke. E. 1 und 2.
*1856. Dasselbe. Aetzdruck.
1857. Titelkupfer zu Halem's Poesie. 604.
1858. Dasselbe.
1859. Vignette zu Hermes' für Eltern und Ehelustige. 605.

1860. Dasselbe.
1861. Dasselbe. Matt.
1862. 2 Bl. Dasselbe. Verfälschte Abdrücke. E. 1 und 2.
1863. Kleine etruskische Landschaft. 605 a.

1789.

1864. Eine kleine Landschaft. 606.
1865. Dasselbe.
1866. Dasselbe, auf braun Papier.
1867. 2 Bl. zu Wieland's Idris. 607 u. 608.
1868. Dasselbe.
1869. 3 Bl. Dasselbe. Verfälschte Abdrücke von 608. E. 1 und 2.
1870. 12 Bl. gute menschliche Eigenschaften. 609. I. Vor der Schrift.
1871. Dasselbe. II.
1872. 3 Exempl. Dasselbe. Verfälschte Abdrücke. E. 1—3.
1873. 2 Exempl. Dasselbe. Verfälschte Abdrücke. E. 4 und 5.
1874. Vignette zu Hermes' Märtyrer. 610.
1875. Dasselbe.
1876. Dasselbe.
*1877. Dasselbe. Aetzdruck.
1878. 12 Bl. zu Blumauer's Aeneide. 611. I. b. Vor der Schrift.
1879. Dasselbe. Verfälschte Abdrücke. E. 1.
1880. Dasselbe. II.
1881. 2 Exempl. Dasselbe. Verfälschte Abdrücke. E. 1 und 2
1882. 2 Exempl. Dasselbe. Verfälschte Abdrücke. E. 3 und 4.
1883. Vignette zur poetischen Blumenlese. 612. I. Beschnitten.
1884. 3 Bl. Dasselbe. 1 davon beschnitten. Verfälschte Abdrücke. E. 1 u. 2.
*1885. Dasselbe. Aetzdruck, beschnitten.
1886. 12 Bl. zu den Anekdoten von Peter dem Grossen. 613. I. Vor der Schrift.
1887. Dasselbe. Verfälschter Abdruck. E. 1.
1888. Dasselbe. II.

1889. Dasselbe. Verfälschter Abdruck. E. 1.
1890. Dasselbe. Verfälschter Abdruck. E. 2.
1891. Dasselbe. Verfälschter Abdruck. F. 3.
1892. 12 Bl. Darstellungen aus der neuen Geschichte. 614.
I. Vor der Schrift.
1893. Dasselbe. Verfälschter Abdruck. E. 1.
1894a. Dasselbe. 11.
1894b. Dasselbe. In 2 Bl.
1895. 2 Exempl. Dasselbe. Verfälschte Abdrücke. E. 1 und 2.
1896. 2 Exempl. Dasselbe. Verfälschte Abdrücke. E. 3 und 4.
1897a. 6 Bl. zur Brandenburgischen Geschichte. 615.
1897b. Dasselbe. In 2 Bl.
1898. Dasselbe. Verfälschter Abdruck. E. 1.
1899. 2 Exempl. Dasselbe. Verfälschte Abdrücke. E. 2 und 3.
1900a. Vignette zu Klopstock's Messias. 616.
1900b. Dieselbe.
1901. 4 Bl. Dasselbe. Verfälschte Abdrücke. E. 1—4.
*1902. Dasselbe. Aetzdruck.
1903a. Vignette zu Woltersdorf's Predigten. 617.
1903b. Dieselbe.
1904. 3 Bl. Dasselbe. Verfälschte Abdrücke. E. 1—3.
*1905. Reclam's Portrait. 618. Grosse Platte b. Mit den angeführten Darstellungen 619, 620 u. 621.
*1906. Dasselbe, ebenso. Aetzdruck.
1907. Dasselbe. Abgeschnittene kleine Platte.
1908. Dasselbe. Verfälschter Abdruck. E.
1909. 3 Bl. Der Marsch einer Armee, Reisende, Belgische Auswanderung. 619, 620 u 621.
1910. 5 Bl. Dieselben, und einige doppelt.

1790.

1911. 2. Kupfer zu V. Weber's Sagen. 3. Bd. 622.
1912. Dasselbe.
1913. 4 Bl. Dasselbe. Verfälschte Abdrücke 1—3, und eine Doublette.
*1914. Dasselbe. Aetzdruck.
*1915. 2 Vignetten zu Büsch's Erfahrungen. 623 u. 624.
A. Verätzte Platte, unzerschnitten.
*1916. Dasselbe.

1790.

*1917. Dasselbe. Verfälschter Abdruck.
*1918. Dasselbe. B. Unzerschnitten. I.
1919. 2 Bl. Dieselben. II.
1920. 7 Bl. Dieselben. Verfälschte Abdrücke, einige doppelt und eine Copie.
1921. 8. Bl. zum Wandsbecker Bothen. 5. Bd. 625. I.
1922. Dasselbe.
1923. 4 Bl. Dasselbe. Verfälschte Abdrücke. E. 1—3. Eines doppelt.
*1924. Dasselbe. Aetzdruck.
1925. Vignette zu Bahrt's Geschichte. 626.
1926. Dasselbe. Mit dem Büchertitel.
1927. 2 Bl. Dasselbe. Verfälschte Abdrücke. E. 1 u. 2.
1928. Vignette zu Lenz's Geschichte der Weiber. 627.
1929. Dasselbe.
1930. Dasselbe. Verfälschter Abdruck.
*1931. Dasselbe. Aetzdruck.
*1932. Vignette zum Siegfried von Lindenberg. 628. I. Beschnitten.
*1933. Dasselbe.
1934. Dasselbe. II. Mit dem Titel.
1935. Dasselbe.
*1936. Dasselbe. Aetzdruck.
1937. Vignette zu Kl. Schmidt's Briefe. 629.
1938. Dasselbe.
1939. 3 Bl. Dasselbe. Verfälschte Abdrücke. E. 1—3.
1940. Dasselbe. Mit dem Büchertitel.
1941. Dasselbe.
1942. 12 Bl. zu Chenier's Bartholomäusnacht. 630. I. Vor der Schrift.
1943. Dasselbe. II.
1944. Dasselbe. Verfälschte Abdrücke. E. 1.
1945. Dasselbe. Verfälschte Abdrücke. E. 2.
1946. 12 Bl. zu Kotzebue's Indianer in England. 631. II.
1947. 2 Exempl. Dasselbe. Verfälschte Abdrücke. E. 1 und 2.
1948. 2 Exempl. Dasselbe. Verfälschte Abdrücke. E. 3 und 4.
1949. 2 Exempl. Dasselbe, je auf 4 Bogen.
1950. 12 Bl. zu der älteren — neueren Geschichte. 632. I.
1951. Dasselbe.
1952. Dasselbe. In 2 Bl.

1953. Dasselbe, ebenso.
1954. Dasselbe. Verfälschter Abdruck.
1955. Dasselbe. II. In 12 Bl.
*1956. Dasselbe. Probedruck.
*1957. Dasselbe. Aetzdruck. Verfälschter Abdruck.
1958. 4 Bl. zur Brandenburgischen Geschichte. 633.
1959. Dasselbe.
1960. 5 Exempl. Dasselbe. Verfälschte Abdrücke. E. 1—5.
*1961. Dasselbe. Aetzdruck.
*1962. Dasselbe. Aetzdruck.
1963. 5 Bl. zum Taschenbuch der Aufklärer. 634—637, und 637 doppelt. I. Davon 2 Bl. mit Verfälschungen.
1964. 4 Bl. aus derselben Folge. II. Doppelt und meist beschnitten.
1965. 7. Kupfer zu den Mémoires des Réfugiés. 638. I. Vor der Schrift.
1966. Dasselbe.
1967. Dasselbe. II.
1968. 3 Bl. Dasselbe. Verfälschte Abdrücke. E. 1—3.
*1969. Dasselbe. Aetzdruck.
*1970. Dasselbe. Probedruck.
1971. 4 Bl. zu Harlekin Patriot und den brutalen Klatschern. 639—642.
1972. Dasselbe. In 2 Bl.
1973. Dasselbe. Verfälschter Abdruck. 642. s. E.
*1974. Dasselbe. Aetzdruck.
1975. Titelkupfer zu Schulz' William. 643.
1976. 2 Bl. Dasselbe. Verfälschte Abdrücke. E. 1 u. 2.
*1977. Dasselbe. Aetzdruck.
1978. Titelkupfer zu Hoffmann's Flora. 644.
1979. Dasselbe.
1980. Dasselbe.
1981. Dasselbe. Verfälschter Abdruck.
*1982. Dasselbe. Aetzdruck.
*1983. Dasselbe.
1984. Vignette zur merkwürdigen Weyssagung. 645.
1985a. Dasselbe.
1985b. Dasselbe.
1986. Dasselbe. Verfälschter Abdruck.
1987. 3. Kupfer zu V. Weber's Sagen. 4. Bd. 646.

1790 und 1791.

1988. Dasselbe, mit dem Büchertitel.
1989. 2 Bl. Dasselbe. Verfälschte Abdrücke. E. 1 und 2.
1990. Die Zwerggruppe. 647. I.
1991. Dasselbe.
1992. 6 Bl. Dasselbe. Verfälschte Abdrücke. E. 1—5, und eine Doublette.
1993. Ausmarsch der Preussischen Armee. 648.
1994. Dasselbe.
1995. Ausmarsch der Türkischen Armee. 649.
1996. Ein Scharmützel. 650.
1997. Die auf Rosen schlummernde Unschuld. 651.
1998. Dasselbe.
1999. Dasselbe, auf gelb Papier.
2000. Die Flucht der heiligen Familie. 652.
*2001. Dasselbe. Aetzdruck.
2002. Die Ruhe der heiligen Familie. 653.
2003. Dasselbe.
2004. 9. Bl. zum Wandsbecker Bothen. 3. Bd. 654.
2005. 2 Bl. zu Mühlenpfordt's Ritterzeiten. 655 u. 656. I.
2006. Dasselbe.
2007. 2 Bl. Dasselbe von No. 656.
*2008. Dasselbe. Aetzdruck von 655.
*2009. Dasselbe, beschnitten.

1791.

2010. 2 Bl. zu Langbein's Schwänke. 657 u. 658.
2011. Dasselbe.
2012. Dasselbe, mit dem Büchertitel.
*2013. 3 Bl. Dasselbe. Aetzdrücke von 657 u. 658 nebst Verfälschung von 658.
2014. Portrait von Sophie Schwarz. 659.
2015. Dasselbe.
2016. Dasselbe, mit dem Büchertitel.
2017. Dasselbe. Verfälschter Abdruck.
*2018. Dasselbe. Aetzdruck.
2019. Titelkupfer zu den Pseaumes par Henry. 660. I. Vor der Schrift.
2020. 3 Bl. Dasselbe. Verfälschte Abdrücke. E. 1—3.
2021. Dasselbe. II.
2022. Dasselbe.
2023. Dasselbe.

*2024. Dasselbe. Aetzdruck.
2025. 6 Bl. Grosse Begebenheiten des vorletzten Decenniums. 661. II. In 2 Bl.
2026. Dasselbe. Verfälschter Abdruck. E. 1.
2027. Dasselbe. Verfälschter Abdruck. E. 2.
2028. Dasselbe. Verfälschter Abdruck. E. 3.
*2029. Dasselbe. Aetzdruck.
*2030. Dasselbe.
*2031. Dasselbe. Verfälschter Abdruck.
2032. 12 Bl. Der Todtentanz. 662. I. Vor der Schrift.
2033. Dasselbe. II.
2034. Dasselbe.
2035. Dasselbe. Verfälschter Abdruck. E. 1.
2036. Dasselbe. Verfälschter Abdruck. E. 2.
2037. Dasselbe. Verfälschter Abdruck. E. 3.
*2038. Dasselbe. Aetzdruck.
*2039. Dasselbe. Aetzdruck.
2040. 12 Bl. zu der älteren — neueren Geschichte. 663. I. Vor der Schrift.
2041. Dasselbe.
2042. Dasselbe. Verfälschter Abdruck. E. 1.
2043. Dasselbe. Verfälschter Abdruck. E. 2.
2044. Dasselbe. Verfälschter Abdruck. E. 3.
2045. Dasselbe. Verfälschter Abdruck. E. 4.
2046. Dasselbe. II.
*2047. Dasselbe. Aetzdruck.
2048. 1. Bl. zu Ziegenhagen's Verhältnisslehre. Die Colonie. 664.
2049. Dasselbe.
2050. 4 Bl. 2.—5. Bl. zu der Folge. 665—668.
2051. Dasselbe.
2052. 9 Bl. zu derselben Folge. Verfälschte Abdrücke von 665—667, meist auf farbig Papier, jedes dreifach.
2053. 2 Bl. zu Hippel's Ehe. 669 und 670. I.
2054. 2 Expl. Dasselbe. Verfälschte Abdrücke. E. 1 u. 2.
2055. Dasselbe. II.
2056. Dasselbe, braun gedruckt.
2057. 4 Bl. Dasselbe, zum Theil in braun und mit zugelegter Schrift.
2058. 4. Kupfer zu Veit Weber's Sagen, 4. Bd. 671.

2059. Dasselbe.
2060. Dasselbe.
2061. Dasselbe.
2062. Dasselbe, mit dem Büchertitel.
2063. 4 Bl. 6.—9. Bl. zu Ziegenhagen's Verhältnisslehre. 672—675.
2064. 9 Bl. Dieselben, auf farbiges Papier, 2 u.. 3fach.
2065. 2 Bl. zu Diderot's Jacob. 676 und 677. I. Vor der Schrift.
2066. 4 Expl. Dieselben. Verfälschte Abdrücke. E. 1—4.
2067. 4 Expl. Dieselben. Verfälschte Abdrücke. E. 5—8.
2068. Dasselbe. II. Mit dem Büchertitel.
2069. Dasselbe, abgeschnitten.

1792.

2070. Titelkupfer zur Aehrenlese. 678. Abgeschnitten.
2071. Dasselbe, mit dem Büchertitel.
*2072. Dasselbe. Aetzdruck. Abgeschnitten.
*2073. Dasselbe. Aetzdruck. Ebenso.
2074. Vignette zu Walther's Vorübungen. 679. I. Verfälschter Abdruck. E. 1.
2075. Dasselbe. II·
2076. Dasselbe, aus dem Buche abgeschnitten.
2077. 10 Bl. Dasselbe. 1 davon I., die übrigen II. Verfälschte Abdrücke auf Pergament, Atlas, chines. Papier etc.
2078. 12 Bl. zu Gellert's, Gleim's etc. Fabeln. 680.
2079. Dasselbe.
2080. 5 Expl. Dieselben. Verfälschte Abdrücke. E. 1—5.
2081. 2 Bl. zu Langbein's Schwänke. 2. Bändchen. 681 und 682. II.
2082. Dasselbe.
2083. 6 Exemplare. Dieselben. Verfälschte Abdrücke. E. 1—6.
2084. 2 Vignetten zu Vargas' Novellen. 683 und 684. I. Vor der Schrift.
2085. Dasselbe.
2086. Dasselbe.
2087. 10 Exemplare. Dieselben. Verfälschte Abdrücke. E. 1—10.
2088. Dasselbe. II.
2089. Vignette zu Hubers' Schriften. 685.

2090. 2 Expl. Dieselben. Verfälschte Abdrücke.
2091. 6 Bl. Begebenheiten aus der neueren Zeitgeschichte. 686. II.
2092. Dasselbe. In 2 Bl.
2093. 3 Expl. Dasselbe. Verfälschte Abdrücke. E. 1—3.
*2094. Dasselbe. Aetzdrücke.
*2095. 12 Bl. zu der Brandenburgischen Geschichte. 687. I. Vor der Schrift.
*2096. Dasselbe. II.
*2097. Dasselbe. III. In 2 Bl.
*2098. Dasselbe. Mit 2 Einfällen. In 2 Bl.
2099. 3 Expl. Dasselbe. Verfälschte Abdrücke. E. 1—3.
2100. 12 aus der mittleren und neueren Geschichte. 688. I. a. Vor der Schrift, mit Einfällen.
*2101. Dasselbe. Mit Einfällen.
*2102. Dasselbe.
*2103. Dasselbe. Verfälschter Abdruck. E. 1.
*2104. Dasselbe. Verfälschter Abdruck. E. 2.
*2105. Dasselbe. Verfälschter Abdruck. E. 3.
*2106. Dasselbe. Verfälschter Abdruck. E. 4.
*2107. Dasselbe. Verfälschter Abdruck. E. 5.
2108. Dasselbe. Ohne Einfälle.
*2109. 12. Bl. zur neueren Geschichte und Blumauer's Aeneide. 689. II. a. Mit Einfällen.
*2110. Dasselbe.
*2111. Dasselbe.
*2112. Dasselbe.
*2113. Dasselbe.
*2114. Dasselbe. Verfälschter Abdruck. E. 1.
*2115. Dasselbe. Verfälschter Abdruck. E. 2.
2116. Dasselbe. II. b. Ohne Einfälle.
2117. Dasselbe.
2118. Titelkupfer zum Historischen Almanach. 690. I.
2119. Dasselbe.
.2120. Dasselbe.
2121. Dasselbe. II.
2122. 2 Bl. Dasselbe. Verfälschte Abdrücke. E. 1 u. 2.
2123. Vignette zu Demme's Pächter Martin. 691.
2124. Dasselbe.
2125. Dasselbe.
2126. Dasselbe.
2127. 2 Bl. zum Historischen Almanach. 692 u. 693. II.

1792 und 1793.

*2128. Titelkupfer zu Jean Paul's unsichtbare Loge. 694. Mit Einfällen.
*2129. Dasselbe.
*2130. Dasselbe.
*2131. Dasselbe.
2132. 2 Bl. Dasselbe. Verschiedene Aetzdrücke. E. 1 und 2.
2133. Dasselbe. Ohne Einfälle.
*2134. Dasselbe. Aetzdruck. Mit Einfällen.
*2135. Dasselbe. Ebenso.
2136. Schinz's Bibliothekszeichen. 695. I. b.
2137. Dasselbe. II.
2138. 2 Bl. Dasselbe. Verfälschte Abdrücke. E. 1 und 2.
2139. Dasselbe. III. a.
*2140. Dasselbe. Aetzdruck, mit 696 auf einer Platte.
2141. Das Gehirn eines Künstlers. 696. I. b. Mit Einfällen.
2142. Dasselbe.
2143. Dasselbe.
2144. Dasselbe.
2145. 2 Bl. Dasselbe. Verfälschte Abdrücke. E. 1. u. 2.
2146. Dasselbe. II. Ohne Einfälle.
2147. Titelkupfer zu Wiesiger's Gedichten. 697. I. 2. Mit Einfällen.
2148. Dasselbe.
2149. Dasselbe.
2150. 3 Bl. Dasselbe. Verfälschte Abdrücke. E. 1—3.
2151. Dasselbe. I. b. Mit einem Einfalle.
2152. Dasselbe.
2153. Dasselbe.
2154. 3 Bl. Dasselbe. Verfälschte Abdrücke. E. 1—3.
2155. Dasselbe. II. Ohne Einfälle.
2156. Dasselbe.
2157. Dasselbe.
2158. 8 Bl. Dasselbe. Verfälschte Abdrücke. E. 1—6.
*2159. Dasselbe. Aetzdruck. Mit Einfällen.

1793.

2160. 8 Bl. Der Lebenslauf. 698. a—g.
2161. Dasselbe, auf farbig Papier.

*2162. Dasselbe. Aetzdruck von 698, und gewöhnliche Abdrücke von 698. g.
2163. 1. und 2. Bl. zu Storch's Gemälde von Petersburg. 699 und 700. I. a. Mit Einfällen.
2164. Dasselbe.
2165. Dasselbe.
2166. Dasselbe.
2167. Dasselbe, beschnitten.
2168. 5 Expl. Dasselbe. Verfälschte Abdrücke. E. 1 u. 2.
2169. Dasselbe. I. b. Ohne Einfälle.
2170. Dasselbe. II. Beschnitten.
2171. Dasselbe. Verfälschter Abdruck. E. 2.
*2172. 3 Bl. Dasselbe. Aetzdrücke. Die Vignette doppelt, meist Gegendrücke.
*2173. 3. Bl. zu Storch's Gemälde von Petersburg. Erste Platte. 701. I. a. Mit Einfällen.
*2174. Dasselbe.
2175. Dasselbe.
2176. Dasselbe.
2177. 2 Bl. Dasselbe. Verfälschte Abdrücke. E. 1 u. 2.
*2178. Dasselbe. I. b. Mit Einfällen.
*2179. Dasselbe.
*2180. Dasselbe.
*2181. Dasselbe.
2182. 5 Bl. Dasselbe. Verfälschte Abdrücke. E. 1—4.
*2183. Dasselbe. Aetzdruck mit Einfällen.
2184. Dasselbe. Bis zum Stichrand beschnitten.
2185. 4. Bl. zu Storch's Gemälde von Petersburg. 702. Zweite Platte. I. a. Mit Einfällen.
2186. Dasselbe.
2187. Dasselbe.
2188. 3 Bl. Dasselbe. Verfälschte Abdrücke. E. 1 - 3.
2189. Dasselbe. I. b. Mit einem Einfalle.
2190. Dasselbe.
2191a. 2 Bl. Dasselbe. Verfälschte Abdrücke. E. 1 u. 2.
2191b. Dasselbe. II. Ohne Einfälle. Bis zum Stichrand beschnitten.
*2192. Dasselbe. Aetzdruck. Mit Einfällen.
*2193. Dasselbe. Bis zum Stichrand beschnitten.
*2194. 12 Bl. zur älteren — neueren Geschichte. 703. I. Mit Einfällen.
*2195. Dasselbe.

*2196. Dasselbe.
*2197. Dasselbe.
*2198. Dasselbe.
2199. 5 Expl. Dasselbe. Verfälschte Abdrücke. I. E. 1—3.
2200. Dasselbe. II. Ohne Einfälle.
2201. Dasselbe.
*2202. Dasselbe. Probedrücke. Mit Einfällen.
2203. 6 Vignetten zu Weber's Gramsalbus. 704—709. I.
2204. 9 Bl. Dasselbe. II. in roth, und 3 Bl. Doubletten von I. schwarz.
*2205. 7 Bl. Dieselben. Aetzdrücke. 1 Bl. doppelt.
*2206. Titelkupfer zu Mühlenpfordt's Scenen. 710. I. Mit Einfällen.
*2207. Dasselbe.
*2208. Dasselbe.
*2209. Dasselbe.
*2210. Dasselbe.
2211. 2 Bl. Dasselbe. Verfälschte Abdrücke. E. 1 u. 2.
*2212. 12 Bl. zu Fabeln und Erzählungen von Gellert, Gleim etc. 711. I. a. Mit Einfällen.
*2213. Dasselbe.
*2214. Dasselbe. In 2 Blatt.
2215. 2 Expl. Dasselbe. Verfälschte Abdrücke. F. 1 u. 2.
*2216. Dasselbe. I. b. Mit 2 Köpfchen.
2217. Dasselbe. Verfälschte Abdrücke, s. E.
*2218. Dasselbe. I. c. Mit dem Einfall der Buchdruckerpresse.
2219. Dasselbe. Verfälschter Abdruck. s. E.
2220. Dasselbe. Ohne Einfälle.
*2221. Dasselbe. Aetzdruck. Mit Einfällen.
*2222. 12 Bl. zur Brandenburgischen Geschichte. 712. I. a. Vor aller Schrift und mit Einfällen.
*2223. Dasselbe.
*2224. Dasselbe.
*2225. 3 Expl. Dasselbe. Verfälschte Abdrücke. E. 1—3.
*2226. Dasselbe. I. b. Mit des Künstlers Namen. Mit Einfällen.
*2227. Dasselbe.
*2228. Dasselbe.
*2229. Dasselbe.
*2230. Dasselbe. II a. Mit den Einfällen In 2 Bl.

2231.	Dasselbe. II. c. Ohne Einfälle.
*2232.	6 Bl. Aufrichtigkeit und Heuchelei. 713. I. Vor der Schrift. Mit Einfällen.
*2233.	Dasselbe. II. Mit Einfällen.
*2234.	Dasselbe.
2235.	2 Expl. Dasselbe. Verfälschte Abdrücke.
*2236.	Dasselbe. III. In No. 1 zwei Vögel.
*2237.	Dasselbe. In 2 Bl.
2238.	Dasselbe. IV.
2239.	Dasselbe. Verfälschter Abdruck.
*2240.	6 Bl. zu den Anekdoten Friedrich's des Grossen. 714. II. a. Mit Einfällen.
2241.	Dasselbe. Verfälschter Abdruck.
2242.	Dasselbe. Ohne Einfälle.
*2243.	Dasselbe. Aetzdruck.
*2244.	12 Bl. aus der Geschichte des Mittelalters. 715. II. a. Mit Einfällen.
2245.	Dasselbe. II. b. Ohne Einfälle.
2216.	4 Expl. Dasselbe. Verfälschte Abdrücke. E. 1—4.
*2247.	Dasselbe. Aetzdruck.
2248.	Portrait des Senator Schöne. 716. I.
2249.	Dasselbe. III.
*2250.	Dasselbe. Probedruck.
*2251.	3 Blatt. 5.—7. Bl. zu Storch's Gemälde von Petersburg. 717, 718 und 719. I. Mit Einfällen
2252.	9 Bl. Dieselben. Davon 719 ohne Einfälle dagegen mit Verfälschungen.
2253.	3 Bl. Dasselbe. II. Ohne Einfälle.
2254.	4 Bl. Dasselbe. 717 und 718. III. Mit dem Büchertitel, die Vignette dreifach.
*2255.	2 Bl. Dasselbe. Aetzdrücke von 718 u. 719.
*2256.	Vignette zu Matthisson's Gedichte. 720. I. Vor der Schrift, mit Einfällen.
*2257.	Dasselbe.
*2258.	2 Bl. Dasselbe. Verfälschte Abdrücke. E. 1 u. 2.
2259.	Dasselbe. I. b. Ohne Einfälle.
2260.	Dasselbe. II. Mit dem Büchertitel.
*2261.	Dasselbe. Aetzdruck. Mit Einfällen.
*2262.	Dasselbe. Beschnitten.
*2263.	Der grosse Roland. 721. I. Von der grossen Platte. Mit Einfälllen.
*2264.	Dasselbe.

1793 und 1794. 69

*2265. Dasselbe.
2266. Dasselbe. Verfälschter Abdruck.
*2267. Dasselbe. Aetzdruck.
2268. Dasselbe. II. Von der kleinen Platte.
2269. Dasselbe. Aus dem Buche.
2270. 1. Bl. Der junge Mann mit der Silhouette. 722.
2271. Dasselbe.
2272. 3 Bl. Dasselbe. Verfälschte Abdrücke. E. 1 u. 2.
*2273. Dasselbe. Aetzdruck.
2274. 2. Bl. zu demselben. 722. a.
2275. Dasselbe.
2276. 2 Bl. Dasselbe. Verfälschte Abdrücke.
2277. Freiheit und Gleichheit. 723.
2278. 2 Bl. Dasselbe. Verfälschte Abdrücke.
*2279. Dasselbe. Zweiter Probedruck.
2280. Pethion, Marat etc. 724.
2281. Dasselbe.
2282. Drei Cavalcaden. 725. Einfälle von 721.
2283. Dasselbe.

1794.

*2284. 12 Bl. zu Hölty's Elegie auf ein Landmädchen. 726. I. Vor der Schrift.
2285. Dasselbe. II.
2286. Dasselbe.
2287. 3 Expl. Dasselbe. Verfälschte Abdrücke. E 1—3.
2288. 1. und 2. Bl. zu Becker's Theseus. 727 und 728. II. a. Mit Einfällen.
2289. 3 Bl. Dasselbe. Verfälschte Abdrücke, und 728 doppelt und mit der Schrift.
2290. Dasselbe. II. b. Ohne Einfälle.
*2291. Dasselbe. Aetzdruck.
*2292. 3. und 4. Bl. zu demselben. 729 und 730. I. Vor der Schrift.
*2293. Dasselbe. II. a. Mit Einfällen.
2294. Dasselbe. II. b. Mit 2 Köpfchen.
2295. Dasselbe.
2296. Dasselbe.
2297. 6 Bl. Dasselbe. Verfälschte Abdrücke.
*2298. 5. und 6. Bl. zu demselben. 731 und 732. I. Vor der Schrift.
2299. Dasselbe. Verfälschter Abdruck.

*2300. Dasselbe. II.a. Mit Einfällen, aber verfälscht.
2301. Dasselbe. II.b. Mit 2 Köpfchen.
2302. Dasselbe.
2303. Dasselbe.
2304. Dasselbe. Verfälschter Abdruck.
*2305. Vignette zu Halem's Geschichte. 733. I. Vor der Schrift. Mit Einfällen.
*2306. Dasselbe.
*2307. Dasselbe.
2308. Dasselbe, mit dem Büchertitel.
*2309. Dasselbe. Aetzdruck, mit dem Einfalle.
2310. Die Enthusiasten. 734. I.
2311. Dasselbe.
2312. Dasselbe.
2313. 6 Bl. Dasselbe. Verfälschte Abdrücke. E. 1—5, davon eins doppelt.
2314. Dasselbe. II. Mit den Grazien.
2315. Dasselbe.
2316. Dasselbe.
2317. 2 Bl. Dasselbe, auf farbiges Papier.
*2318. 6 Bl. zur neuern französischen Geschichte. 735. I. Vor der Schrift. Mit Einfällen.
*2319. Dasselbe. Verfälschter Abdruck. E. 1.
*2320. Dasselbe. II.a. Mit Einfällen. In 2 Bl.
2321. Dasselbe. II.b. Ohne Einfälle.
2322. 3 Expl. Dasselbe. Verfälschte Abdrücke. E. 1—3.
*2323. Dasselbe. Aetzdruck. Mit Einfällen.
*2324. Dasselbe.
*2325. Vignette zu Kinderling's deutscher Sprache. 736. I. Mit Einfällen.
2326. Dasselbe. II.
2327. Dasselbe, auf dem Büchertitel.
2328. Dasselbe. III. Verfälschter Abdruck.
2329. Titelkupfer zu V. Weber's Sagen der Vorzeit, 5. Bd. 737.
2330. Dasselbe. Verfälschter Abdruck.
*2331. Dasselbe. Aetzdruck.
*2332. Dasselbe.
*2333. 2 Bl. zu Becker's Taschenbuch. 738 und 739. I.a. Mit Einfällen.
2334. Dasselbe. Verfälschter Abdruck.

*2335. Dasselbe. I.b. Mit 2 Köpfchen.
*2336. Dasselbe.
*2337. Titelkupfer zur Leipziger Monatsschrift. 740. I. Mit Einfällen.
*2338. Dasselbe.
2339. 3 Bl. Dasselbe. Verfälschte Abdrücke. E. 1—3.
2340. Dasselbe. II. Ohne Einfälle.
2341. 4 Bl. Dasselbe. Verfälschte Abdrücke. E. 1—4.
*2342. Dasselbe. Aetzdruck. Mit Einfällen.
*2343. Dasselbe.
*2344. 8. Kupfer zu den Mémoires des Réfugiés. 741. Grosse Platte mit den Portraits von Graff u. Becker. I. Vor der Schrift, die Portraits aber abgeschnitten.
*2345. Dasselbe. Grosse Platte. II. Unzerschnitten.
*2346. Dasselbe. Aetzdruck. Unterhalb der Portraits und oben über den Stichrand beschnitten.
*2347. Dasselbe. Aetzdruck. Ohne die beiden Köpfe, beschnitten.
2348. Dasselbe. III. Kleine Platte.
2349. Dasselbe.
2350. Die Portraits von Graff und Becker. Von der vorstehenden Platte. 742. II. b.
2351. Dasselbe.
2352. Dasselbe.
*2353. 2 Bl. zu Becker's Taschenbuch. 743 und 744. I. Vor der Schrift.
*2354. Dasselbe. II.a. Mit Einfällen.
*2355. Dasselbe.
2356. Dasselbe. II.b. Ohne Einfälle.
2357. Dasselbe.
*2358. Dasselbe. Probedruck.
2359. 3 Bl. zu Ehrenberg's Taschenbuch. 745—747. I. Vor der Schrift, aber mit Verfälschung.
*2360. Dasselbe. II.b. Mit einem Köpfchen.
2361. 3 Expl. Dasselbe. Verfälschte Abdrücke.
*2362. Dasselbe. Aetzdrücke.
*2363. Convention von Kloster Seewen. 748. I. Vor der Schrift.
2364. Dasselbe. Verfälschter Abdruck.
*2365. Dasselbe. II. Mit Einfällen.
*2366. Dasselbe.

*2367.	Dasselbe.
2368.	Dasselbe. Verfälschter Abdruck.
2369.	Dasselbe. III.
2370.	Dasselbe.
2371.	2 Expl. Dasselbe. Verfälschte Abdrücke.
2372.	5 Bl. zur Berlinischen Folgsamkeit. 749. II. a—d.
2373.	Dasselbe.
2374.	8 Bl. aus derselben Folge. Verfälschte Abdrücke. s. E. 1—4.
*2375.	Bataille du 18. Aout 1794. 750. I. Vor der mittelsten Gruppe.
*2376.	Dasselbe.
2377.	Dasselbe. Verfälschter Abdruck. E. 1.
2378.	Dasselbe. II.
2379.	Dasselbe.
2380.	2 Bl. Dasselbe. Verfälschte Abdrücke. E. 1 u. 2.
*2381.	Dasselbe. Aetzdruck.
*2382.	Titelkupfer zu Mereau's Blüthenalter. 751. II. Mit dem grossen Baum.
*2383.	Dasselbe. III. a. Mit einem Köpfchen.
*2384.	Dasselbe.
*2385.	2 Bl. zu Lafontaine's Klara du Plessis. 752 und 753. I. a. Mit Einfällen.
*2386.	Dasselbe.
*2387.	Dasselbe, beschnitten.
2388.	Dasselbe. Verfälschter Abdruck. E. 1.
*2389.	Dasselbe. I. b. Mit einem Einfalle.
2390.	Dasselbe.
2391.	2 Expl. Dasselbe. Verfälschte Abdrücke. E. 1 u. 2.
2392.	3 Bl. Dasselbe, mit dem Büchertitel, die Vignette doppelt.
*2393.	Dasselbe. Probedruck.
2394.	Der kleine reitende Herr mit der Dame. 754. I. Verätzte Platte.
2395.	Dasselbe.
2396.	Dasselbe.
2397.	2 Bl. Dasselbe. Verfälschte Abdrücke. E. 1 u. 2.
2398.	Dasselbe. II.
2399.	Dasselbe.
2400.	Dasselbe.
2401.	3 Bl. Dasselbe. Verfälschte Abdrücke. E. 1—3.
2402.	Die angenehme Unterhaltung. 755.

1794 und 1795.

2403. Dasselbe.
2404. Dasselbe.
*2405. Dasselbe. Aetzdruck.
*2406. Titelkupfer zu Becker's Beatrice Cenci. 756. I. Mit Einfällen.
2407. Dasselbe.
2408. Dasselbe.
2409. Dasselbe.
2410. 2 Bl. Dasselbe. Verfälschte Abdrücke. E. 1 u. 2.
2411. Dasselbe. II. Ohne Einfälle.
2412. 2 Bl. Dasselbe. Verfälschte Abdrücke. E. 2 u. 3.
*2413. Dasselbe. Aetzdruck.
*2414. Titelkupfer zu Honig's Grigri. I. Mit Einfällen.
2415. Dasselbe. I. b. Ohne Einfälle.
2416. 5 Bl. Dasselbe. Verfälschte Abdrücke. E. 1—5.
2417. Dasselbe. II. Mit dem Büchertitel.
*2418. Dasselbe. Aetzdruck.
*2419. Dasselbe.
2420. Vignette zu Schulz' Reise. 758.
2421. 3 Bl. Dasselbe. Verfälschte Abdrücke. E. 1—3.
*2422. Dasselbe. Aetzdruck.
*2423. Dasselbe.
*2424. Verschiedene Figuren in zwei Abtheilungen. 759. I. Auf einer Platte.
*2425. Dasselbe.
2426. Dasselbe. II. Von der zerschnittenen Platte.
2427. 12 Bl. Fragment einer Heirathsgeschichte. 760. I. Vor der Schrift.
2428. Dasselbe.
*2429. Dasselbe. II. a. Mit Einfällen.
*2430. Dasselbe.
*2431. Dasselbe.
*2432. Dasselbe.
*2433. Dasselbe.
*2434. Dasselbe.
*2435. Dasselbe.
2436. 2 Bl. Dasselbe. Verfälschte Abdrücke. E. 1 u. 2.
2437. Dasselbe. II. b. Ohne Einfälle.

1795.

*2438. 8 Bl. zu Becker's Taschenbuch. 761—768. I. a. Mit Einfällen.

2439.	6 Bl. aus derselben Folge. 763—768. Dabei zwei Verfälschungen.	
2440.	8 Bl. Dasselbe. II. b. Auf 768 ein Köpfchen.	
2441.	Dasselbe.	
2442.	12 Bl. Dieselben, zum Theil mit Einfällen, meist mit Verfälschungen, mehrere doppelt.	
*2443.	8 Bl. Dasselbe. 761—768. Aetzdrücke.	
2444.	Die gute Mutter. 769.	
2445.	Dasselbe.	
2446.	Dasselbe, auf gelb Papier.	
*2447.	Dasselbe. Aetzdruck.	
*2448.	2 Bl. zur Feyer der Liebe. 770 und 771. I. a. Mit Einfällen.	
*2449.	Dasselbe.	
2450.	Dasselbe, verschnitten.	
2451.	Dasselbe. I. b. Ohne Einfälle.	
2452.	Dasselbe.	
2453.	4 Bl. Dasselbe. Mit dem Büchertitel und Verfälschung.	
*2454.	Dasselbe. Aetzdruck von 770 mit Einfällen.	
*2455.	Vignette zu dem Märterer der Wahrheit. 772. I. a. Mit einem Einfalle.	
2456.	3 Bl. Dasselbe. Verfälschte Abdrücke. E. 1—3.	
2457.	3 Bl. Dasselbe. Verfälschte Abdrücke. E. 4. 6 u. 7.	
*2458.	Dasselbe. I. b. Mit mehr Einfällen.	
2459.	Dasselbe. II. Mit dem Büchertitel.	
*2460.	Vignette zu Ebert's Jahrbuch. 773. I. a. Mit Einfällen.	
*2461.	Dasselbe.	
2462.	Dasselbe. Verfälschter Abdruck.	
*2463.	Dasselbe. I. b. Mit einem Einfalle.	
*2464.	Dasselbe.	
*2465.	Dasselbe.	
*2466.	Dasselbe.	
2467.	Dasselbe, abgeschnitten.	
2468.	4 Bl. Dasselbe. Verfälschte Abdrücke. E. 1—4.	
2469.	Dasselbe, mit dem Büchertitel.	
*2470.	Dasselbe. Aetzdruck.	
*2471.	Dasselbe.	
2472.	Die Begegnung am Frühlingsmorgen. 774.	
2473.	Dasselbe. Verfälschter Abdruck.	
2474.	Der Aufschneider. 775.	

1795.

2475. Dasselbe. Verfälschter Abdruck.
2476. Der Spaziergang im Grünen. 776.
2477. Dasselbe. Verfälschter Abdruck.
*2478. 2 Bl. zu Ehrenberg's Taschenbuch. 777 u. 778. I.a. Mit Einfällen.
*2479. Dasselbe.
*2480. Dasselbe.
*2481. Dasselbe.
*2482. Dasselbe.
*2483. Dasselbe. I.b. Mit einem Einfalle.
*2484. Dasselbe.
2485. 2 Bl. Dasselbe. Verfälschte Abdrücke. E. 1 u. 2.
*2486. Dasselbe. Aetzdruck, mit Einfällen.
*2487. 6 Bl. zur Geschichte von Polen. 779. I. Vor der Schrift.
2488. Dasselbe. II.
2489. Dasselbe. Verfälschter Abdruck. E. 1.
2490. Dasselbe. Verfälschter Abdruck. E. 2.
2491. Dasselbe. Verfälschter Abdruck. E. 3.
*2492. 6 Bl. zur älteren und mittleren Geschichte. 780. I. Mit Einfällen.
*2493. Dasselbe.
2494. Dasselbe. Verfälschter Abdruck. E. 1.
2495. Dasselbe. Ohne Einfälle.
2496. Dasselbe.
2497. 3 Exempl. Dasselbe. Verfälschte Abdrücke. E. 1—3.
*2498. Dasselbe. Aetzdruck, mit Einfällen.
*2499. Dasselbe.
2500. Die Vertheilung der Glücksgüter. 781.
2501. Dasselbe.
2502. Dasselbe.
2503. 5 Bl. Dasselbe. Verfälschte Abdrücke. E. 1—4.
*2504. Dasselbe. Aetzdruck.
*2505. Titelkupfer zu V. Weber's Sagen der Vorzeit. 782. I. Grosse Platte. Mit Einfällen.
*2506. Dasselbe.
*2507. Dasselbe.
2508. Dasselbe. Verfälschter Abdruck.
*2509. Dasselbe. II. Kleine Platte. Mit einem Köpfchen.
*2510. Dasselbe.
2511. Dasselbe. Ohne Einfall.

*2512. Dasselbe. Aetzdruck.
*2513. Vignette zu Kinderling's Sprache. 783. I. Mit Einfällen.
*2514. Dasselbe.
2515. Dasselbe. II. Ohne Einfälle.
*2516. Dasselbe. Aetzdruck.
*2517. Portrait von Geh.-Rath Höpfner. 784. I. b. Mit Einfällen.
*2518. Dasselbe.
2519. 3 Bl. Dasselbe. Verfälschte Abdrücke. E. 1—3.
2520. Dasselbe. II. Ohne Einfälle.
2521. Dasselbe.
2522. Dasselbe. Verfälschter Abdruck.
*2523. Dasselbe. Aetzdruck.
*2524. Dasselbe.
2525. Dasselbe. Verfälschter Abdruck.
2526. Die Emigrirten. 785.
2527. Dasselbe.
2528. 4 Bl. Dasselbe. Verfälschte Abdrücke. E. 1—4.
2529. Die kleine Landschaft. 786. II.
2530. Dasselbe, auf grüngefärbtes Papier.
*2531. 2 Bl. zu Lang's Almanach. 787 u. 788. I. a. Vor der Schrift, mit Einfällen.
*2532. Dasselbe. I. b. Mit einem Einfalle.
2533. 3 Exempl. Dasselbe. Verfälschte Abdrücke. E. 1—3.
2534. 3 Exempl. Dasselbe. Verfälschte Abdrücke. s. E.
2535. 3 Bl. Dasselbe. II. 788 doppelt und eine Verfälschung.
*2536. 2 Bl. Dasselbe. Aetzdrücke, zerschnitten.
*2537. Dasselbe. Ebenso.
*2538. 4 Bl. zu Lang's Almanach. 789—792. I. Vor der Schrift. Mit Einfällen.
2539. Dasselbe. 792 mit Verfälschung.
2540. 8 Bl. Dasselbe. Doubletten ohne 792. Verfälschte Abdrücke.
*2541. 4 Bl. Dasselbe. I. b. Mit einem Einfall.
2542. 3 Bl. Dieselben. 790—792.
2543. 7 Bl. Dieselben, meist verfälschte Abdrücke von 791 u. 792.
2544. 5 Bl. Dieselben. II. 789—792, 1 Bl. doppelt mit Verfälschung.

*2545. 4 Bl. Dieselben. Aetzdrücke mit Einfällen von 790—792. 1 Bl. doppelt.
2546. Des Künstlers Reise nach Dresden. 793.
2547. Dasselbe.
2548. Dasselbe.
2549. 4 Bl. Dasselbe. Verfälschte Abdrücke. E. 1—4.
*2550. 1. Blatt zur Deutschen Monatsschrift. 794. I. a. Mit Einfällen.
2551. Dasselbe. Verfälschter Abdruck.
*2552. Dasselbe. I. b. Mit einem Einfalle.
*2553. Dasselbe.
*2554. Dasselbe.
2555. 2 Bl. Dasselbe. Verfälschte Abdrücke. E. 1 u. 3.
2556. 2 Bl. Dasselbe. II. Ohne Einfälle. Verfälschte Abdrücke. E. 1 und 2.
*2557. Dasselbe. Aetzdruck.
*2558. 2. Blatt zur Deutschen Monatsschrift. 795. I. a. Mit Einfällen.
2559. Dasselbe. I. b. Mit einem Einfall.
2560. Dasselbe.
2561. 4 Bl. Dasselbe. Verfälschte Abdrücke. E 1—4.
2562. 3 Bl. II. Ohne Einfall.
2563. Dasselbe. Verfälschter Abdruck. E. 3.
*2564. Dasselbe. Aetzdruck, mit Einfällen.
*2565. Dasselbe. Verfälschter Abdruck. E. 1.
2566. Dasselbe. Bis zum Stichrand beschnitten.
*2567. 3. Blatt zur Deutschen Monatsschrift. 796. I. a. Mit Einfällen.
*2568. Dasselbe. I. b. Mit einem Einfall.
2569. 2 Bl. Dasselbe. Verfälschte Abdrücke. E. 1 und 2.
2570. Dasselbe. II. Ohne Einfälle.
2571. Dasselbe. Verfälschter Abdruck. E. 3.
*2572. Dasselbe. Aetzdruck mit Einfällen.
2573. Dasselbe. Verfälschter Abdruck. E. 1.
*2574. Dasselbe. Bis zum Stichrand beschnitten.
*2575. 24 Bl. zu Richardson's Clarisse. 797—820. I. Mit Einfällen.
2576. Dasselbe. II.
*2577. 2 Bl. aus derselben Folge, wie die Folgenden. 797 u. 798. I. a. Mit Einfällen.
*2578. Dasselbe.

78 1795 und 1796.

*2579.	Dasselbe.
2580.	Dasselbe. I.b. Mit einem Einfalle.
2581.	Dasselbe.
*2582.	2 Bl. Dasselbe. 799 u. 800. I.a. Mit Einfällen.
*2583.	Dasselbe.
2584.	3 Exempl. Verfälschte Abdrücke. E. 1—3.
2585.	2 Bl. Dasselbe. I.b. Mit einem Einfalle.
*2586.	Dasselbe. Aetzdruck. Mit Einfällen.
*2587.	Dasselbe.
*2588.	2 Bl. Dasselbe. 801 u. 802. I.a. Mit Einfällen.
2589.	Dasselbe. Verfälschter Abdruck.
*2590.	Dasselbe. I.b. Mit einem Einfalle.
*2591.	Dasselbe.
2592.	Dasselbe. Verfälschter Abdruck.
*2593.	2 Bl. Dasselbe. 803 u. 804. I.a. Mit Einfällen.
*2594.	Dasselbe. I.b. Mit einem Einfalle.
*2595.	Dasselbe.
2596.	2 Exempl. Dasselbe. Verfälschte Abdrücke.
*2597.	Dasselbe. Aetzdruck, mit Einfällen.
*2598.	2 Bl. Dasselbe. 805 u. 806. I.a. Mit Einfällen.
*2599.	Dasselbe. I.b. Mit einem Einfalle.
*2600.	Dasselbe.
*2601.	Dasselbe. Aetzdruck, mit Einfällen.

1796.

*2602.	2 Bl. Dasselbe. 807 und 808. I.a. Mit Einfällen.
2603.	2 Exempl. Dasselbe. Verfälschte Abdrücke. E. 1 und 2.
*2604.	Dasselbe. I.b. Mit einem Einfall.
*2605.	Dasselbe. Aetzdruck, mit Einfällen.
*2606.	Dasselbe. Ebenso.
2607.	Dasselbe. Probedruck, verfälscht.
*2608.	2 Blatt. Dasselbe. 809 und 810. I.a. Mit Einfällen.
*2609.	Dasselbe. I.b. Mit 2 Einfällen.
2610.	2 Exempl. Dasselbe. Verfälschte Abdrücke. E. 1 und 2.

1796.

*2611. Dasselbe. Aetzdruck. Mit Einfällen.
*2612. Dasselbe. Probedruck. Mit Einfällen.
*2613. 2 Bl. Dasselbe. 811 u. 812. I.b. Mit einem Einfalle.
*2614. 5 Bl. Dasselbe. Aetzdrücke, 811 dreimal.
*2615. 2 Bl. Dasselbe. 813 und 814. I.a. Mit Einfällen.
2616. 2 Exempl. Dasselbe. Verfälschte Abdrücke. E. 1 und 2.
*2617. Dasselbe. I.b. Mit einem Einfall.
2618. Dasselbe. Verfälschter Abdruck. E. 2.
*2619. Dasselbe. Aetzdrücke. Mit Einfällen.
*2620. 2 Bl. Dasselbe. 819 und 820. I.a. Mit Einfällen.
2621. Dasselbe. Verfälschter Abdruck.
*2622. Dasselbe. I.b. Mit einem Einfall.
*2623. Dasselbe. Aetzdruck.
2624. 4 Bl. zum Militärischen Kalender. I. Vor der Schrift, aber verfälschter Abdruck.
2625. Dasselbe. III.
2626. Dasselbe.
*2627. 2 Bl. Aetzdrücke von 821 u. 821 a.
*2628. 6 Bl. zur Geschichte von Polen. 823. I.a. Vor der Schrift. Mit Einfällen.
*2629. 9 Bl. Dasselbe, und No. 1, 2 u. 3 doppelt.
2630. 6 Bl. Dasselbe. Verfälschte Abdrücke.
2631. Dasselbe. I.b. Ohne Einfälle.
2632. Dasselbe.
2633. Dasselbe. Verfälschter Abdruck. E. 1.
2634. Dasselbe. Verfälschter Abdruck. E. 2.
2635. Dasselbe. Verfälschter Abdruck. E. 3.
2636. Dasselbe. Verfälschter Abdruck. E. 4.
2637. Dasselbe. II. Verfälschter Abdruck.
*2638. Dasselbe. Aetzdruck.
*2639. Dasselbe. Probedruck.
*2640. 8 Bl. zu Becker's Taschenbuch. 824—831. I. Vor der Schrift. Mit Einfällen.
2641. Dasselbe, davon 826—31 mit Verfälschung.
2642. Dasselbe, davon 828—31 mit Verfälschung.
2643. 2 Bl. Dasselbe, von 824—27 mit Verfälschung.
*2644. 8 Bl. Dasselbe. II. Mit Einfällen.

2645. 14 Bl. Dasselbe. II. Mit und ohne Einfälle. 824—827, 830 u. 831 mit Doubletten.
*2646. 7 Bl. Dasselbe. Aetzdrücke von 828—831. Mit Einfällen. Mehrere doppelt.
*2647. Die Königl. Preussische Familie. 832. Grosse Platte. I.a. Ohne Einfälle.
2648. Dasselbe. Verfälschter Abdruck. E. 1.
2649. Dasselbe. Verfälschter Abdruck. E. 2.
2650. Dasselbe. Verfälschter Abdruck. E. 3.
2651. Dasselbe. Verfälschter Abdruck. E. 4.
*2652. Dasselbe. I.b. Mit Einfall.
*2653. Dasselbe. Aetzdruck.
*2654. Dasselbe. Bis zum Stichrand beschnitten.
2655. Dasselbe. Kleine Platte. III.
2656. Dasselbe.
2657. Dasselbe. Verfälschter Abdruck. E. 2.
*2658. Titelkupfer zu Gräter's Bragur. 833. I.a. Mit Einfällen.
*2659. Dasselbe.
*2660. Dasselbe.
2661. 2 Bl. Dasselbe. Verfälschte Abdrücke. E. 1 u. 2.
2662. Dasselbe. I.b. Ohne Einfälle.
2663. 2 Bl. Dasselbe. Verfälschte Abdrücke. E. 1 u. 2.
2664. Dasselbe. II.
*2665. Dasselbe. Erster Aetzdruck.
*2666. Dasselbe.
*2667. Dasselbe. Zweiter Aetzdruck.
*2668. Die Flucht der Offenbacher. 834. Grosse Platte. I.b. Mit Einfällen.
*2669. Dasselbe.
2670. Dasselbe. Verfälschter Abdruck. E. 1.
*2671. Dasselbe. Aetzdruck.
*2672. Dasselbe. Kleine Platte. II.a. Mit Einfällen.
*2673. Dasselbe.
2674. Dasselbe. Verfälschter Abdruck. E. 2.
2675. Dasselbe. II.b. Ohne Einfälle.
2676. Dasselbe. III.
2677. Dasselbe. Verfälschter Abdruck. E. 3.
2678. 9 Bl. Dasselbe. Einfälle von vorstehenden. 3 Bl. doppelt.
2679. 4. Bl. zur Deutschen Monatsschrift. 835.

1796 und 1797. 81

2680. Dasselbe.
2681. 6 Bl. Dasselbe. Verfälschte Abdrücke. E. 1—6.
*2682. Dasselbe. Aetzdruck.
*2683. 5. Bl. zur Deutschen Monatsschrift. 836. I.a. Mit einem Einfall.
*2684. Dasselbe. I.b. Mit zwei Einfällen.
2685. Dasselbe. II. Ohne Einfälle.
2686. 5 Bl. Dasselbe. Verfälschte Abdrücke. E. II. 1—4 und 3.
*2687. Dasselbe. Aetzdruck, mit einem Einfall.
2688. Dasselbe. Verfälschter Abdruck. E. 1.
2689. 6. Bl. zur Deutschen Monatsschrift. Verätzte Platte. 837. I.a. Mit Einfällen.
2690. Dasselbe. Verfälschter Abdruck.
2691. Dasselbe. I.b. Mit einem Einfall.
2692. Dasselbe.
2693. Dasselbe.
2694. 4 Bl. Dasselbe. Verfälschte Abdrücke. E. 1, 2, 4 und 5.
2695. Dasselbe. Ic. Ohne Einfall. Verfälschter Abdruck.
*2696. Dasselbe. Aetzdruck. Mit Einfällen.
2697. Dasselbe. Neu gestochene Platte. II.

1797.

*2698. 8 Bl. zu Becker's Almanach. 838—845. I. Vor der Schrift. Mit Einfällen.
*2699. Dieselben.
2700. 9 Bl. Dieselben. Doubletten, zum Theil mit Verfälschungen.
2701. 6 Bl. Dieselben. 840 u. 841 mit einem Einfalle, doppelt, 844 u. 845 ohne Einfälle.
2702. 14 Bl. Dieselben. 838—843. II. Dabei mehrere doppelt und mit Verfälschungen.
*2703. 10 Bl. Dieselben. Aetzdrücke mit Einfällen von 838—843. No. 840 u. 841 dreifach.
*2704. 8 Bl. zur Geschichte Katharina's II. I. Vor der Schrift. Mit Einfällen.
*2705. Dasselbe.
2706. 2 Exempl. Dasselbe. Verfälschte Abdrücke. E. 1 und 2.
*2707. Dasselbe. II. Mit einem Einfalle.
2708. Dasselbe.

6

2709.	3 Expl. Dasselbe. Verfälschte Abdrücke. E. 1—3.	
2710.	Dasselbe. II. 1. Ohne Einfälle.	
2711.	Dasselbe. II. 2. Verfälschter Abdruck. E. 3.	
*2712.	Dasselbe. Aetzdruck.	
*2713.	Dasselbe.	
*2714.	4 Bl. zu Lang's Almanach. 847—850. I. Mit einem Einfalle.	
*2715.	Dieselben.	
2716.	Dieselben, 1 Bl. beschädigt.	
2717.	6 Bl. Dieselben. Dabei einige doppelt, mit Verfälschungen.	
*2718.	4 Bl. Dasselbe. II. Mit einem Einfalle.	
2719.	10 Bl. Dieselben. 847, 848 u. 849. Drei- bis vierfach, zum Theil mit Verfälschungen.	
2720.	4 Bl. Dasselbe. III. Beschnitten.	
2721.	Dasselbe. Ebenso.	
2722.	7 Bl. Dasselbe. Doubletten, meist mit Verfälschungen.	
*2723.	4 Bl. Dasselbe. 847—850. Aetzdrücke.	
*2724.	Dasselbe. Aetzdrücke.	
2725.	2 Bl. Dieselben. Aetzdrücke. 850 u. 847, mit Verfälschung.	
*2726.	2 Bl. zu Lang's Almanach. 851 und 852. I. Vor der Schrift. Mit Einfällen.	
*2727.	3 Bl. Dasselbe, und 851 doppelt.	
2728.	2 Bl. Dasselbe, von 851. Verfälschter Abdruck.	
*2729.	Dasselbe. I. b. Mit einem Einfall.	
*2730.	3 Bl. Dasselbe. 852 doppelt.	
2731.	2 Bl. Dasselbe. Verfälschte Abdrücke.	
2732.	5 Bl. Dasselbe. 851. Verfälschte Abdrücke.	
2733.	2 Bl. Dasselbe. 851 u. 852. II. Mit der Schrift, theils beschnitten.	
2734.	3 Bl. Dasselbe, und 852 doppelt u. beschnitten.	
2735.	6 Bl. Dasselbe. 851, u. 852 fünffach. Verfälschte Abdrücke.	
*2736.	3 Bl. Aetzdrücke mit Einfällen, 852 doppelt	
*2737.	2 Bl. zu Unger's Julchen Grünthal. 1. Theil. 853 und 854. I. a. Mit Einfällen.	
*2738.	Dasselbe.	
2739.	Dasselbe.	
2740.	Dasselbe. I. b. Ohne Einfälle.	
2741.	3 Expl. Dasselbe. Verfälschte Abdrücke.	

1797.

2742. 2 Bl. Dasselbe. II. Mit dem Büchertitel.
*2743. 2 Bl. zu Unger's Julchen Grünthal. 2. Theil. 855 und 856. I.a. Mit Einfällen.
*2744. Dasselbe.
*2745. Dasselbe.
*2746. Dasselbe.
2747. Dasselbe. Verfälschter Abdruck.
*2748. Dasselbe. I.b. Mit einem Einfall.
*2749. Dasselbe.
*2750. Dasselbe.
2751. Dasselbe. Verfälschte Abdrücke. E. 1—4.
2752. Dasselbe. I.c. Ohne Einfälle.
2753. Dasselbe. Verfälschter Abdruck. E. 3.
2754. Dasselbe. II. Mit dem Büchertitel.
*2755. Dasselbe. Aetzdruck.
2756. Dreyssig physiognom. Köpfe. 857. I. Mit Einfällen.
2757. Dasselbe.
2758. 2 Bl. Dasselbe. Verfälschte Abdrücke. E. 1 u. 2.
*2759. Dasselbe. I.b. 2. Mit einem Einfalle.
*2760. Dasselbe. I.b. 3.
*2761. Dasselbe.
2762. 2 Bl. Dasselbe. Verfälschte Abdrücke.
*2763. Dasselbe. Aetzdrücke, mit Einfällen.
*2764. 2 Bl. zu Krockkow's Erziehungsvorschlägen. 858 und 859. I. Mit Einfällen.
*2765. Dasselbe.
*2766. Dasselbe. Matt.
2767. Dasselbe. II. Ohne Einfälle.
2768. 2 Expl. Dasselbe. Verfälschte Abdrücke. E. 1. u. 2.
*2769. Dasselbe. Aetzdruck, mit Einfällen.
*2770. Vignette zu Becker's Darstellungen. 860. I.a. Mit Einfällen.
*2771. Dasselbe.
2772. Dasselbe. Verfälschter Abdruck.
2773. Dasselbe. I.b. Ohne Einfälle.
2774. Dasselbe.
2775. Dasselbe. II. Mit dem Büchertitel, beschnitten u. verfälscht.
*2776. Dasselbe. Aetzdruck.
*2777. 7. Bl. zur Deutschen Monatsschrift. 861. I. Mit Einfällen.
*2778. Dasselbe.

2779.	2 Bl. Dasselbe. Verfälschte Abdrücke. E. 1 und 2.
2780.	Dasselbe. II. Ohne Einfälle.
2781.	3 Bl. Dasselbe. Verfälschte Abdrücke. E. 1—3.
*2782.	Dasselbe. Aetzdruck, mit Einfällen.
*2783.	8. Bl. zur Deutschen Monatsschrift. 862. I. Mit Einfällen.
*2784.	Dasselbe.
*2785.	Dasselbe.
*2786.	Dasselbe.
2787.	2 Bl. Dasselbe. Verfälschte Abdrücke. E. 1 und 2.
2788.	Dasselbe. II. Ohne Einfälle.
2789.	2 Bl. Dasselbe. Verfälschte Abdrücke.
*2790.	Dasselbe. Aetzdruck, mit Einfällen.
*2791.	Dasselbe.

1798.

*2792.	9. Bl. zur Deutschen Monatsschrift. 863. I. Mit Einfällen.
2793.	3 Bl. Dasselbe. Verfälschte Abdrücke. E. 1 u. 2.
2794.	Dasselbe. II. Ohne Einfälle.
2795.	4 Bl. Dasselbe. Verfälschte Abdrücke. E. 3—6.
*2796.	Dasselbe. Aetzdruck.
*2797.	Vignette zu Becker's Darstellungen. 864. I.a. Mit Einfällen.
*2798.	Dasselbe.
*2799.	Dasselbe.
*2800.	Dasselbe.
2801.	3 Bl. Dasselbe. Verfälschte Abdrücke. E. 1—3.
2802.	Dasselbe. I.b. Ohne Einfälle.
2803.	3 Bl. Dasselbe. Verfälschte Abdrücke.
2804.	Dasselbe. II. Mit dem Büchertitel.
*2805.	Dasselbe. Aetzdruck, mit Einfällen.
*2806.	8 Bl. zu Becker's Almanach. 865—872. 1. Vor der Unterschrift, mit Einfällen.
2807.	6 Bl. Dieselben. 867, 68, 71, 72, letztere doppelt.
2808.	14 Bl. Dieselben. Verfälschte Abdrücke. Mehrere doppelt.
2809.	6 Bl. Dieselben. Vor der Schrift, ohne Einfälle.
2810.	17 Bl. Dieselben. Mit der Schrift, drei mit

1798.

einem Einfalle, meist verfälschte Abdrücke, mehrere doppelt.
*2811. 4 Bl. Dieselben. Aetzdrücke, mit Einfällen, von 865, 66, 69, 70.
*2812. 4 Bl. zu der Familie Hellmuth. 873—76. I. a. Vor der Schrift, mit Einfällen.
2813. Dieselben, aber 873, 74 mit Verfälschung.
2814. 6 Bl. Dieselben. Verfälschte Abdrücke von I.a u.b. 375, 76 dreimal.
2815. 4 Bl. Dieselben. I. b. Ohne Einfälle 873—76.
2816. 3 Bl. Dieselben. II. Mit der Schrift. 874 doppelt, eines mit Verfälschung.
*2817. 6 Bl. Dieselben. Aetzdrücke, mit Einfällen, davon 873, 74 doppelt.
2818. 2 Bl. Dieselben. Verätzte Platte von 875, 76.
2819. Dieselben.
2820. Dieselben.
2821. Dieselben.
2822. Dieselben.
2823. Dieselben.
2824. Dieselben.
2825. 3 Bl. zu Goethe's Hermann und Dorothea. 877, 78 und 78a. I. Vor der Schrift. 878a mit Einfällen.
2826. Dieselben.
2827. Dieselben. Verfälschte Abdrücke.
2828. Dieselben. II a. Mit Einfällen.
2829. Dieselben. II b. Ohne Einfälle.
2830. Dieselben.
2831. 4 Bl. Dieselben. Verfälschte Abdrücke. Nr. 877 doppelt.
*2832. 3 Bl. Dieselben. Aetzdrücke. Nr. 878a mit Einfällen.
2833. Dieselben. 878a verfälschter Abdruck.
2834. Titelkupfer zu Hoffmann's Flora germanica. 879. I. Mit Einfällen.
2835. Dasselbe.
2836. Dasselbe.
2837. Dasselbe. Verfälschter Abdruck. E. 1.
2838. Dasselbe. II. Ohne Einfälle.
2839. Dasselbe.
*2840. Dasselbe. Aetzdruck mit Einfällen.

*2841. Dasselbe.
*2842. Portrait von Moses Wessely. I. Ohne Einfälle.
*2843. Dasselbe. II b. Mit Einfällen.
2844. Dasselbe.
2845. 5 Bl. Dasselbe. Verfälschte Abdrücke. E. 1—5.
2846. Dasselbe II a. Mit einem Einfalle.
2847. Dasselbe.
2848. Dasselbe.
2849. Dasselbe.
2850. Dasselbe.
2851. 2 Bl. Dasselbe. Verfälschte Abdrücke. E. 1 u. 2.
*2852. Dasselbe. Aetzdruck.
*2853. 8 Bl. zur Geschichte der Bartholomäusnacht. I. Vor der Schrift mit Einfällen.
*2854. Dasselbe.
2855. Dasselbe. Verfälschter Abdruck. E. 1.
2856. Dasselbe. II a. Mit zwei Einfällen.
2857. 3 Expl. Dasselbe. Verfälschte Abdrücke. E. 1—3.
2858. Lippert und Zingg. 882. A. Verätzte Platte.
2859. Dasselbe.
2860. 2 Expl. Dasselbe.
2861. 2 Expl. Dasselbe.
2862. 3 Expl. Dasselbe.
2863. 4 Bl. Dasselbe. Verfälschte Abdrücke. E. 1—4.
*2864. Dasselbe. Vollendete Platte. B. I. Mit Einfällen.
*2865. Dasselbe.
2866. 5 Bl. Dasselbe. Verfälschte Abdrücke. E. 1—5.
*2867. Dasselbe. II a. Mit Einfällen.
*2868. Dasselbe.
2869. Dasselbe. Verfälschter Abdruck. E. 2.
*2870. Dasselbe. II b. Mit Einfällen, Meissen.
2871 a. Dasselbe. III. Ohne Einfälle.
2871 b. Dasselbe.
2872. 2 Bl. Dasselbe.
2873. 2 Bl. Dasselbe. Verfälschte Abdrücke. E. 1 u. 2.
2874. Dasselbe. IV. Mit Dresden und der Tischgesellschaft.
2875. Dasselbe.
2876. Dasselbe. Verfälschter Abdruck. E. 1.
2877. Der Einfall von 882, II a einzeln.
2878. Dasselbe von 882, II b einzeln.

2879. Heimfahrt einer guten Schweizerseele. 883.
2880. Dasselbe.
2881. 2 Bl. Dasselbe. Verfälschte Abdrücke. E. 1.u.2.
*2882. Dasselbe. Aetzdruck.
*2883. Dasselbe.
2884. Mr. de Vollange. 884.
2885. 2 Bl. Dasselbe. Verfälschte Abdrücke. 1. u. 2.
2886. Dasselbe. 884a.
2887. Dasselbe. Verfälschter Abdruck. E. 2.
2888. Dasselbe 884b.
*2889. Titelkupfer zu Genlis' Herbies moreaux. 885. Ia. Mit Einfällen.
2890. Dasselbe. Verfälschter Abdruck.
2891. 2 Bl. Dasselbe. Ib. Ohne Einfälle. Verfälschte Abdrücke 1 u. 2.
2892. Dasselbe. Verfälschte Abdrücke. E. 3. u. 4.
2893. 2 Bl. Dasselbe. II. Mit der Schrift, und ein Expl. abgeschnitten.
*2894. Dasselbe. Aetzdrücke, mit Einfällen.
2895. .Die 4 Einfälle aus obigen besonders.
2896. Kleidermoden. 886.
2897. 3 Bl. Dasselbe. Verfälschte Abdrücke. E. 1—3.
2898. 3 Bl. Dasselbe. Verfälschte Abdrücke. E. 4—6.
*2899. Titelkupfer zu Ewald's Phantasien. 887. Ia. Mit Einfällen.
*2900. Dasselbe.
*2901. Dasselbe.
*2902. Dasselbe.
2903. Dasselbe. Ia. Ohne Einfälle.
2904. 2 Bl. Dasselbe. Verfälschte Abdrücke. E. 1. u. 2.
*2905. Dasselbe. Aetzdruck, mit Einfällen.
*2906. Dasselbe.
*2907. Dasselbe.
*2908. Vignette zu V. Weber's Winhall. 888. Ia. Mit Einfällen.
*2909. Dasselbe.
*2910. Dasselbe.
*2911. Dasselbe.
*2912. Dasselbe.
2913. 3 Bl. Dasselbe. Verfälschte Abdrücke. E. 1—3.
2914. Dasselbe. Ib. Ohne Einfälle.

2915.	4 Bl. Dasselbe. Verfälschte Abdrücke. E. 1—4.
2916.	Dasselbe. II. Mit dem Büchertitel.

1799.

*2917.	8 Bl. zu Becker's Almanach. 889—896. I. Vor der Schrift, mit Einfällen.
2918.	Dasselbe, aber 889 u. 890 mit Verfälschungen.
2919.	12 Bl. Dasselbe. 889—894 doppelt. Verfälschte Abdrücke.
2920.	8 Bl. Dasselbe. II. Mit der Schrift und ohne Einfälle.
2921.	20 Bl. Dasselbe. Doubletten, zum Theil roth gedruckt.
2922.	3 Bl. Dasselbe. Aetzdrücke von 891, 892 und 894. Zum Theil mit Einfällen.
*2923.	4 Bl. zu Lang's Taschenbuch. 897—900. Ia. Vor der Schrift, mit Einfällen.
*2924.	Dasselbe.
*2925.	Dasselbe.
2926.	4 Bl. Dasselbe. 897, 898 doppelt.
2927.	6 Bl. Dasselbe. Verfälschte Abdrücke. 899 u. 900 doppelt.
2928.	4 Bl. Dasselbe. Ib. Ohne Einfälle.
2929.	Dasselbe. Verfälschte Abdrücke.
*2930.	Titelkupfer: die königl. preuss. Familie, zum Taschenbuch der Liebe und Freundschaft. 901. Ia. Mit Einfällen.
*2931.	Dasselbe.
2932.	Dasselbe. Verfälschter Abdruck.
2933.	Dasselbe. Ib. Ohne Einfälle. 1.
2934.	Dasselbe.
2935.	Dasselbe.
2936.	Dasselbe. Verfälschter Abdruck. E. 2.
2937.	Dasselbe. II. Mit dem Büchertitel.
2938.	Dasselbe.
2939.	Dasselbe.
2940.	Dasselbe. Verfälschter Abdruck. E. 3.
*2941.	Dasselbe. Aetzdruck.
*2942.	Dasselbe. Probedruck.
*2943.	10. Bl. zur Deutschen Monatsschrift. Graf v. Sayn. 902. I. Mit Einfällen.
*2944.	Dasselbe.

1799.

2945. 4 Bl. Dasselbe. Verfälschte Abdrücke. E. 1—4.
2946. Dasselbe. II. Ohne Einfälle.
2947. Dasselbe.
2948. Dasselbe. Verfälschter Abdruck. E. 2.
*2949. Dasselbe. Aetzdruck.
*2950. 11. Bl. zur Deutschen Monatsschrift: Tezel. 903. I. Mit Einfällen. Verfälschter Abdruck. E. 1.
2951. 2 Bl. Dasselbe. Verfälschte Abdrücke. E. 2 u. 3.
2952. Dasselbe. II. Ohne Einfälle.
2953. Dasselbe. Verfälschter Abdruck. E. 2.
2954. 12. Bl. zur Deutschen Monatsschrift: Churfürst Sigismund. 904. A. Verätzte Platte.
2955. Dasselbe.
2956. Dasselbe.
2957. Dasselbe.
*2958. Dasselbe. Verfälschter Abdruck. E. 1.
2959. Dasselbe. B. Zweite Platte. Ia. Mit Einfällen.
2960. Dasselbe. Verfälschter Abdruck. E. 1.
2961. Dasselbe. Verfälschter Abdruck. E. 2.
*2962. Dasselbe. Ib. Mit Einfällen.
2963. Dasselbe. Verfälschter Abdruck. E. 3.
2964. Dasselbe. II. Ohne Einfälle.
2965. Dasselbe. Verfälschter Abdruck. E. 4.
*2966. Dasselbe. Aetzdruck, mit Einfällen.
2967. 2 Bl. zu Lindemann Menschenwerth. 905 u. 906. Ia. Vor der Schrift, mit Einfällen.
2968. Dasselbe.
2969. Dasselbe.
2970. Dasselbe.
2971. Dasselbe. Verfälschter Abdruck. E. 1.
2972. Dasselbe. Ib. Ohne Einfälle.
2973. Dasselbe.
2974. Dasselbe. Verfälschter Abdruck. E. 2.
*2975. 1.—3. Bl. zu Lafontaine's Herm. Lange. 907, 908 und 909. Ia. Vor der Schrift, mit Einfällen.
*2976. Dieselben.
2977. Dieselben. Verfälschte Abdrücke. E. 1.
2978. Dieselben. Verfälschte Abdrücke.
2979. Dieselben. Ib. Ohne Einfälle.

2980.	7 Bl. Dieselben. Verfälschte Abdrücke. Davon 907 u. 908 dreimal.	
*2981.	3 Bl. Dieselben. Aetzdrücke.	
*2982.	3 Bl. zu Neuffer's Dichtung. 910—912. Ia. Vor der Schrift, mit Einfällen.	
*2983.	Dasselbe.	
2984.	2 Expl. Dasselbe. Verfälschte Abdrücke. E. 1 und 2.	
2985.	3 Expl. Dasselbe. Verfälschte Abdrücke. E. 3 und 4.	
2986.	Dasselbe. Ib. Ohne Einfälle.	
2987.	2 Expl. Dasselbe. Verfälschte Abdrücke. E. 1 und 2.	
2988.	2 Expl. Dasselbe. Verfälschte Abdrücke. E. 3 und 4.	
*2989.	5 Bl. Dasselbe. Aetzdrücke. 911 u. 912 doppelt.	
*2990.	Titelkupfer zu Hoffmann's Flora. 1. Theil. 913. I. Mit Einfällen.	
*2991.	Dasselbe.	
*2992.	Dasselbe.	
*2993.	Dasselbe.	
2994.	2 Bl. Dasselbe. Verfälschte Abdrücke. E. 1 und 2.	
2995.	Dasselbe. II. Ohne Einfälle.	
2996.	Dasselbe.	
2997.	Dasselbe. Verfälschte Abdrücke. E. 2.	
*2998.	Dasselbe. Aetzdrücke.	
*2999.	2 Bl. zu Rhode's Berlin. 914 u. 915. Ia. Vor der Schrift, mit Einfällen.	
3000.	Dasselbe. Ib. Ohne Einfälle.	
3001.	4 Bl. Dieselben. Verfälschte Abdrücke. E. 1 und 2.	
3002.	Die Höflichkeit. 916.	
3003.	Dasselbe. Verfälschter Abdruck.	
3004.	Dasselbe. Aetzdruck.	
3005.	Die ländliche Ruhe. 917.	
3006.	Einfälle auf einer unvollendeten Platte. 917a.	
3007.	Dasselbe.	
3008.	Dasselbe. Neuer Abdruck.	
3009.	3 Bl. Dasselbe. Verfälschte Abdrücke. E. 1—3.	

*3010. 9. Bl. zu den Mémoires des Réfugiés. 918. I. Vor der Schrift, mit Einfällen.
*3011. Dasselbe.
*3012. Dasselbe.
*3013. Dasselbe.
3014. Dasselbe. Verfälschter Abdruck. E. 1.
3015. Dasselbe. II a. Ohne Einfälle.
3016. 2 Bl. Dasselbe. Verfälschte Abdrücke. E. 2. und 3.
*3017. Dasselbe. Aetzdruck.
*3018. Clery's Kinder. 919. I. Mit Einfällen.
*3019. Dasselbe.
*3020. Dasselbe.
3021. 2 Bl. Dasselbe. Verfälschte Abdrücke. E. 1 und 2.
3022. Dasselbe. II. Ohne Einfälle.
3023. Dasselbe.
3024. 2 Bl. Dasselbe. Verfälschte Abdrücke. E. 1 und 2.
*3025. Dasselbe. Aetzdruck.
*3026. Dasselbe.
*3027. 6 Bl. zu Wallenstein's Leben. 920. I. Mit Einfällen.
*3028. Dieselben in 3 Bl.
3029. Dieselben. Verfälschte Abdrücke. E. 1.
3030. Dieselben. II. Ohne Einfälle.
3031. Dieselben. Verfälschte Abdrücke. E. 1.
3032. Dieselben. Verfälschte Abdrücke. E. 2. In 6 Bl.
3033. Dieselben. Verfälschte Abdrücke. E. 3.
*3034. Dieselben. Aetzdrücke in 2 Bl.
*3035. 9.—16. Bl. zur Geschichte der Bartholomäusnacht. 920a. IIa. Mit deutscher Schrift und mit Einfällen.
*3036. Dasselbe.
*3037. Dasselbe in 2 Bl.
3038. Dasselbe. II c. Ohne Einfälle.
3039. 2 Expl. Dasselbe. Verfälschte Abdrücke. E. 1 u. 2.
3040. 2 Expl. - Dasselbe. Verfälschte Abdrücke. E. 3 u. 4.
3041. Dasselbe. III. Verfälschter Abdruck. E. 2.

1800.

*3042. 8 Bl. zn Becker's Taschenbuch. 921—928. I. Mit Einfällen.
3043. 12 Bl. Dasselbe. 921—926. Mit Doubletten und einer Verfälschung.
3044. 8 Bl. Dasselbe. 921—928. Ohne Einfälle.
3045. 14 Bl. Dasselbe. Verfälschte Abdrücke und Doubletten roth gedruckt.
*3046. 6 Bl. Dasselbe. Aetzdrücke von 921, 922, 925—928.
*3047. 4.—6. Bl. zu Lafontaine's Herm. Lange. 929—931. Ia. Vor der Schrift, mit Einfällen.
*3048. Dasselbe.
3049. Dasselbe. Verfälschter Abdruck.
3050. Dasselbe. Ib. Ohne Einfälle.
3051. Dasselbe. Verfälschter Abdruck.
*3052. Dasselbe. Aetzdruck von 931.
*3053. 5 Bl. zu Salzmann's Taschenbuch. 932—936. I. Mit Einfällen.
*3054. Dieselben.
3055. 8 Bl. Dieselben. Doubletten und Verfälschungen.
3056. 5 Bl. Dieselben. 932—936. II. Ohne Einfälle.
*3057. 5 Bl. Dieselben. Aetzdrücke von 933, 934 u. 936, dabei Nummern doppelt.
*3058. 3 Bl. Dieselben. Aetzdrücke von 932, 935 u. 936.
3059. Der Bettelvogt. 937.
3060. Dasselbe.
3061. Dasselbe. Verfälschter Abdruck. E. 1.
3062. Dasselbe. 937a.
3063. Dasselbe.
3064. 2 Bl. Dasselbe. Verfälschte Abdrücke. E. 1 und 2.
3065. Dasselbe. 937b.
3066. Dasselbe.
3067. Dasselbe. Verfälschter Abdruck. E. 3.
*3068. 13. Blatt zur Deutschen-Monatsschrift. Churfürst Gebhardt. 938. I. Mit Einfällen.
*3069. Dasselbe.
3070. Dasselbe. Verfälschter Abdruck. E. 1.
3071. Dasselbe. II. Ohne Einfälle.

3072.	3 Bl. Dasselbe. Verfälschte Abdrücke. E. 1, 2 und 3.	
*3073.	- Dasselbe. Aetzdruck mit Einfällen.	
*3074.	Dasselbe. Verfälschter Abdruck. s. E.	
*3075.	14. Bl. zu derselben. Kaiser Albrecht. 939. I. Mit Einfällen.	
*3076.	Dasselbe.	
3077.	Dasselbe. II. Ohne Einfälle.	
3078.	Dasselbe. Verfälschter Abdruck. s. E.	
*3079.	Dasselbe. Aetzdruck mit Einfällen.	
*3080.	15. Bl. zu derselben. Luther verbrennt die Bulle. 940. I. Mit Einfällen.	
*3081.	Dasselbe.	
*3082.	Dasselbe.	
*3083.	Dasselbe.	
3084.	Dasselbe. Verfälschter Abdruck. E.	
3085.	Dasselbe. II. Ohne Einfälle.	
3086.	2 Bl. Dasselbe. Verfälschter Abdruck. E. 3.	
3087.	Dasselbe. Aetzdruck mit Einfällen, aber verfälscht.	
*3088.	16. Bl. zu derselben. Hermann an der Weser. 941. I. Mit Einfällen.	
3089.	Dasselbe. Verfälschter Abdruck. E. 1.	
3090.	Dasselbe. II. Ohne Einfälle.	
3091.	2 Bl. Dasselbe. Verfälschte Abdrücke. E. 1 und 2.	
*3092.	17. Bl. zu derselben. Der Schwur auf dem Grütli. 942. I. Mit Einfällen.	
*3093.	Dasselbe.	
*3094.	Dasselbe.	
3095.	3 Bl. Dasselbe. Verfälschte Abdrücke. E. 1 2 u. 3.	
3096.	Dasselbe. II. Ohne Einfälle.	
3097.	2 Bl. Dasselbe. Verfälschte Abdrücke. E. 1 und 2.	
3098.	18. Bl. zu derselben. Wallenstein im Lager. 943. I. Mit Einfällen.	
*3099.	Dasselbe.	
3100.	Dasselbe. Verfälschter Abdruck. E. 1.	
3101.	Dasselbe. II. Ohne Einfälle.	
3102.	3 Bl. Dasselbe. Verfälschte Abdrücke. E. 1—3.	
*3103.	Dasselbe. Aetzdruck mit Einfall.	

*3104. Dasselbe.
*3105. 4 Bl. zu Stein's Friedrich II. I. Mit Einfällen.
*3106. Dasselbe.
3107. Dasselbe. Verfälschter Abdruck. E. 1.
3108. Dasselbe. Verfälschter Abdruck. E. 2.
3109. Dasselbe. II. Ohne Einfälle.
3110. 2 Bl. Dasselbe. Verfälschte Abdrücke. E. 1 u. 2.
*3111. 5 Bl. Dasselbe. Aetzdrücke in 5 Blatt, ein Blatt doppelt.
*3112. 12 Bl. zur Geschichte des ersten Kreuzzuges. II. a. Mit Einfällen.
*3113. Dasselbe.
*3114. Dasselbe. In 2 Bl.
3115. Dasselbe. Verfälschter Abdruck. E. 1.
3116. Dasselbe. II. b. Ohne Einfälle.
3117. Dasselbe.
3118. 2 Exempl. Dasselbe. Verfälschte Abdrücke. E. 1 und 2.
3119. 2 Exempl. Dasselbe. Verfälschte Abdrücke. E. 3 und 4.
*3120. Dasselbe. Aetzdruck mit Einfällen in 4 Blatt. Zerrissen.
*3121. Die Neujahrwunschverkäuferin. 946. I. Mit Einfällen.
3122. Dasselbe. Verfälschter Abdruck. E. 1.
3123. Dasselbe. II. Ohne Einfälle.
3124. Dasselbe. Verfälschter Abdruck. E. 1.
3125. Dasselbe. Verfälschter Abdruck. E. 2.
3126. Dasselbe. Verfälschter Abdruck. E. 3.
*3127. 5.—8. Bl. zu Stein's Friedrich II. I. Mit Einfällen.
3128. Dasselbe. Verfälschter Abdruck. E. 1.
3129. Dasselbe. Verfälschter Abdruck. E. 2.
3130. Dasselbe. Verfälschter Abdruck.
3131. Dasselbe. II. Ohne Einfälle.
3132. Dasselbe. Verfälschter Abdruck. E. 1.
3133. Dasselbe. Verfälschter Abdruck. E. 2.
3134. Dasselbe. Verfälschter Abdruck. E. 3.
3135. Dasselbe. Verfälschter Abdruck. E. 4.
3136. Ziethen an der Tafel Friedrich's II. schlafend. 948. I. Vor der Schrift.
3137. Dasselbe.

3138. Dasselbe.
3139. Dasselbe, beschnitten und fleckig.
3140. Dasselbe. Verfälschter Abdruck. E. 1.
3141. Dasselbe. Verfälschter Abdruck E. 2.
3142. Dasselbe. II. Mit der Schrift.
3143. Dasselbe.
3144. Verschiedene Einfälle. 949.
3145. Dasselbe. Neuer Abdruck.
3146. Dasselbe. Verfälschter Abdruck. E. 1.
3147. Dasselbe. Verfälschter Abdruck. E. 2.
3148. Dasselbe. Verfälschter Abdruck. E. 3.
3149. Dasselbe. Verfälschter Abdruck. E. 4.
3150. Dasselbe. Verfälschter Abdruck. E. 5.
3151. Modekleidungen 950. Copie 1.
3152. Dasselbe. Chinesisches Papier.
3153. Dasselbe. Gegendruck.
3154. Dasselbe. Copie 2.
3155. Dasselbe. Copie 3.
3156. 3 Bl. Zwei zweifelhafte Blätter. E. p. 513. 1 Blatt doppelt.

Doubletten.

3157. 79 Exemplare von No. 574: Der erste Fächer, Allegorie auf Friedrich Wilhelm II.
3158. 125 Exemplare von No. 575: Der zweite Fächer, Apotheose auf Friedrich den Grossen.

Verfälschte Blätter von andern Meistern, meist aber mit „D. Chodowiecki fec." bezeichnet.

3159. Viehstück. qu. 4. Ist von J. B. Huet.
3160. Stehender Mann mit Hut. 1768. 8. Wahrscheinlich von J. D. Laurenz.
3161. Alter sitzender Mann mit dreieckigem Hut. 1758. 8. Wahrscheinlich von demselben.
3162. Studienblatt von Figuren und Köpfen. 1758. qu. 4. Ist von F. Boucher.
3163. Sitzende Frau mit Kind. 1758. 8.
3164. Studienblatt von Figuren. 1758. qu. 8.
3165. Stehender Mann mit Korb. 1768. 8.
3166. Friedr. Nicolai und seine Familie. qu. 8.

3167. Studienblatt von Köpfen und Figuren. 8. Wahrscheinlich von C. F. von Rumohr.
3168. Acht kleine Portraits von Fürsten: Friedrich der Grosse etc. qu. 8.
3169. Studienblatt von Figuren und Thieren. 1778. qu. 8.
3170. Friedrich der Grosse, Brustbild im Profil. 8.
3171. Dasselbe, ausgeführter. 1779. 8.
3172. Stehender Mann in langem Rocke. 1776. 8.
3173. 4 Bl. charakteristische Köpfe. 1775. qu. 8.
3174. Studienblatt von 6 Personen: Militärs etc. 1775. qu. 8.
3175. Bauerntanz. qu. 8.
3176. Landschaft mit Zaun und offener Thür. qu. 8.
3177. Halbverschleierte Frau mit Fächer. 1763. 8.
3178. Stehender Knabe mit Hut. 1763. 8.
3179. Drei männliche Köpfe in Kreidestich. 1759. qu. 8.
3180. Sitzendes Mädchen. 1761. 8.
3181. Gelehrter in seinem Zimmer. 1762. 8.
3182. Promenade mit disputirenden französischen Gelehrten. 1759. qu. 4.
3183. Rauchender Herr auf dem Sopha sitzend. 1758. gr. 4.
3184. Badende Nymphen. 1762. qu. 8.
3185. Mädchenkopf. 1759. 8.
3186. Satyrisches Blatt von 6 Personen und einer Fama. 1759. qu. 8.
3187. Sitzender Mann vom Rücken gesehen. 1758. 8.
3188. Lesendes Mädchen. 1758. 8.
3189. Der Olymp. 1758. Ist von C. Winck. qu. fol.
3190. 16 Köpfe aus Lavater. fol.
3191. 23 männliche und weibliche Köpfe. fol.

Handzeichnungen.

3192. 545 Blatt (viele davon mit mehreren Darstellungen wie bei den Kalenderkupfern) nebst Portrait des Künstlers. Fleissig fein mit Bleistift und Silberstift ausgeführte Zeichnungen, nach den Originalstichen des Meisters, und ein kleiner Theil nach D. Berger. Alle Zeichnungen sind auf starken bräunlichen Kartenpapiere, ähnlich dem Pergament. Bei einem grossen Theile sind die Lichter weiss gehöht, die Original-

Einfälle copirt, sowie auch neue Einfälle dazu gezeichnet. Sie sind sämmtlich auf Untersatzbogen, zum Theil mit Goldleisten und befinden sich in einer Mappe in roy. fol. mit Leinwandeinschlägen.

Originalzeichnungen des Meisters.

3193. 1032 Blatt. Studien und Skizzen des berühmten Künstlers, bestehend in Portraits, Köpfen, Genrebildern, Landschaften, Thierstücken, Compositionen zu Kalenderkupfern, wovon ein Theil von ihm selbst in Kupfer gestochen ist. Theils in Bleistift, Feder, Tusche, Rothstein und in Farben ausgeführt, in den verschiedensten Formaten. Ein Theil ist nach älteren Künstlern, z. B. Rugendas, ein anderer Theil dürfte nicht von ihm herrühren, denn augenscheinlich sind welche von Rode, Glume, Zingg, Schenau und andern gleichzeitigen Künstlern, die er muthmasslich als Geschenke erhalten und dieser werthvollen Sammlung, welche aus dem Besitze eines Enkels des Künstlers stammt, einverleibt hat. Das Ganze befindet sich in einem grossen Foliobande, und zwar sind die Blätter selbst auf die Vor- und Rückseite der darin befindlichen Bogen eingeklebt.

Oelgemälde des Meisters.

Breit 15" 7'". Hoch 11" 5'" altfranzösisches Maas. Auf Leinwand in Goldrahmen.

3194. Der Abschied des Calas von seiner Familie. Berühmte Composition, welche von dem Meister in gleicher Grösse in Kupfer gestochen wurde und seinen Ruf begründete. Mit des Künstlers Namen. s. E. p. XLI und 33.

Breit 29" 7'". Hoch 21" 10'". Auf Leinwand in Goldrahmen.

3195. Der Hahnenschlag in französisch Buchholtz bei Berlin. Landschaft mit 27 Figuren. Im Vordergrund der skizzirende Künstler selbst. Vorzügliches Bild.

Breit 11". Hoch 15" 8'". Auf Leinwand in braunem Rahmen.

3196. Der Schooshund der Frau des Künstlers.

Breit 4" 7'". Hoch 5" 6'". Auf Holz in Goldrahmen.
3197. Eine Milchverkäuferin und Obsthändlerin an einem Hause in einer Strasse. Mit des Künstlers Namen. Breit 14" 3'". Hoch 11" 6'". Auf Leinwand in Goldrahmen.
3198. Landschaft mit Schnittern und Bauern bei einem Brunnen. Mit dem Namen, aber zweifelhaft; könnte nur aus der spätern Zeit des Künstlers sein. Breit 15" 5'". Hoch 10" 7'". Auf Holz in Goldrahmen.
3199. Die russischen Gefangenen. Theilweise Copie des Stiches No. 12. Mit dem Namen des Künstlers, aber unächt. Breit 11" 5'". Hoch 14" 3'". Auf Leinwand in Goldrahmen.
3200. Friedrich der Grosse zu Pferde. Mit dem Namen des Künstlers, aber unächt.

Anhang.

Kupferstiche anderer Meister.

J. Arndt.
3201. Landschaft mit Vieh. J. F. van Bloemen p. Aquatinta. qu. fol. Vor der Schrift.

G. Audran.
3202. Johannes tauft im Jordan. N. Poussin p. In 2 Blättern. qu. imp. fol. Ein Hauptblatt und schöner Abdruck. Aufgezogen.

J. Audran.
3203. Portrait von P. P. Rubens. A. van Dyck p. Zu der Gallerie du Luxembourg. fol. Guter Abdruck.

J. Bachelcy.
3204. Vue des Environs d'Utrecht. J. Ruisdael p. qu. fol.

J. J. Balechou.
3205. Auguste III., Roi de Pologne, Electeur de Saxe, mit dem Mohrenknaben. H. Rigaud p. roy. fol.

F. Bartolozzi.
3206. Flight into Egypt. C. Maratti p. Braun punktirt. fol. Mit offener Schrift. Ohne Plattenrand.

A. Bartsch, J. Schmuzer, etc.

3207. 5 Bl. aus der Folge der Thaten des Decius Mus. P. P. Rubens p. gr. qu. fol. und qu. roy. fol. Späte Abdrücke.

F. Baudouins und R. Bonnart.

3208. Die Belagerung von Douay. A. F. van der Meulen p. In 2 Bl. qu. imp. fol.

J. F. Bause.

3209. Der Orientale. C. W. E. Dietrich p. Aquatinta. fol. Keil 32. Alter Abdruck, wie die Folgenden.
3210. Friedericus II. A. Graff p. 1787. fol. K. 128. Brüchig und beschnitten.
3211. G. J. Zollikofer. Idem p. fol. K. 166.
3212. J. J. Spalding. Idem p. fol. K. 165.
3213. J. J. Bodmer. Idem p. fol. K. 212.
3214. G. F. v. Dittmer. J. Naumann p. fol. K. 155.
3215. C. S. Horn. fol. K. 192.

B. à Bolswert.

3216. Das Urtheil Salomo's. P. P. Rubens p. qu. fol. Bis zum Stichrand beschnitten.

S. à Bolswert.

3217. Die Aufrichtung der ehernen Schlange in der Wüste. Idem p. gr. qu. fol. Guter zweiter Abdruck, mit Huberti's Adresse.
3218. Der grosse Fischzug. Idem p. In 3 noch nicht zusammengefügten Blättern. qu. roy. fol. Guter, aber späterer Abdruck dieses Capitalblattes.
3219. Der Sturz des Heidenthums. Cedo D. deo mala etc. Idem p. In 2 dergleichen. qu. imp. fol. Schöner Abdruck.
3220. Der Triumph der katholischen Kirche. Perge Triumphatrix Ecclesia etc. Idem p. In 2 dergleichen. qu. imp. fol. Guter, etwas späterer Abdruck, jedoch noch wie das Vorige mit Lauwers Adresse.

R. Brookshaw.

3221. Thunder Storm. H. Kobell p. Schwarzkunst. gr. qu. fol.
3222. Flussansicht mit Schiffen, bei Mondschein. Idem p. Ebenso. gr. qu. fol. Vor der Schrift.

A. Cardon.
3223. The Ganimede of Rembrandt. Dresdener Gallerie. Punktirt. gr. fol.

J. Cootwyck.
3224. Lesende Alte. G. Metzu inv. In Zeichnungsmanier. f.

S. Desrochers.
3225. L'Enfant Jesus et S. Joseph. C. Maratti p. fol.

R. Earlom.
3226. Der Triumph des Mardochai. G. van Eckhout p. Schwarzkunst wie die folgenden Hauptblätter. gr. qu. fol. Vor der Schrift, d. h. bloss mit einer Zeile Schrift etc.
3227. Salvator Mundi. C. Dolce p. fol. Vor der Schrift. Aufgezogen und etwas grauflockig.
3228. Dasselbe, mit der Schrift, farbig gedruckt.
3229. Jacob burying Labans Images. S. Bourdon p. Radirt und Aquatinta. qu. fol. Im Rande etwas rissig.
3230. Agrippina lands at Brundusium with the Ashes of Germanicus. B. West p. qu. roy. fol.
3231. Alexanders Gerechtigkeit gegen Timoclea. D. Dominichino p. R. Earlom und T. Nichols sc. gr. qu. fol. Vor der Schrift.
3232. Meleager und Atalanta oder die Jagd des caledonischen Ebers. P. P. Rubens p. qu. roy. fol. Capitalblatt. Vor der Schrift. Aufgezogen und mit wenig Plattenrand.
3233. Nymphs and Satyrs oder Diana und Nymphen von Satyrn belauscht. Idem p. gr. qu. fol. Vor der Schrift. Ebenso.
3234. Silen and Satyrs. Idem p. qu. fol. Vor der Schrift.
3235. Dasselbe. Ebenso. Der Druck gleich schön, aber oben ein kleiner Riss und mit weniger Papierrand.
3236. 2 Bl. Satyrn und Hirten mit ihren Heerden. B. Castiglione p. qu. fol. Vor der Schrift.
3237. Die Hexe. D. Teniers p. qu. roy. fol. Erster Abdruck vor dem Motto aus dem Virgil.
3238. The Fig. Das Jägerpaar bei der Jagdbeute. P. P. Rubens p. gr. qu. fol. Mit Nadelschrift.

3239. The Larder. Der Wildprethändler bei dem erlegten Wild, Früchten etc. M. de Vos p. gr. qu. fol. Vor der Schrift.
3240. Ruben's Son and Nurse, bei den Früchten. P. P. Rubens p. gr. qu. fol. Bis nahe dem Plattenrand beschnitten und mit einigen Wurmstichen.
3241. Ruben's Frau, in ganzer Figur, mit dem Pagen. Idem p. fol. Vor der Schrift. Aufgezogen.
3242. Dasselbe. Ebenso. Aufgezogen und unten etwas über den Plattenrand beschnitten.
3243. A Shepherd. T. Gainsborough p. 4.
3244. Das Vögelconcert. Mario di Fiori p. gr. qu. fol. Vor der Schrift.
3245. 2 Bl. A Fruit und a Flower Piece. J. van Huysum p. fol. Aufgezogen und keine guten Abdrücke.
3246. Die Landschaft mit der Mühle. M. Hobbema p. gr. qu. fol. Vor der Schrift. Unten etwas rissig.
3247. 2 Bl. A Horses und a Grey Hound's Head. J. Wyck und A. van Dyck p. fol.
3248. 2 Bl. Dieselben.
3249. Una mit dem Löwen. B. West p. gr. qu. fol.
3250. Embassy of Hyderbeck to Calcutta from the Vizier of Oude — in the year 1788, to meet Lord Cornwallis. J. Zoffany p. gr. qu. fol.
3251. Die französische Revolutionsstrassenscene. J. Zoffany p. gr. qu. fol. Vor der Schrift. Aufgezogen.
3252. Die Londoner Zeichen-Akademie. Idem p. qu. roy. f. Vor der Schrift. Sehr selten.
3253. König Georg III. mit seiner Familie. Idem p. gr. qu. fol. Erster sehr seltener Abdruck wo der König nach links sieht und mit Nadelschrift Der Rand aber etwas beschädigt.
3254. 74 Bl. aus dem berühmten Liber Veritatis des Claude Lorrain. In Zeichnungsmanier. No. 1—20. 24. 26. 29—33. 36. 38—40. 42—45. 47—49. 52. 53. 56—58. 60. 66—72. 74—77. 79. 80. 82—96. 98. 99. qu. fol. qu. 4. qu. 8.
3255. Landschaft. Claude Lorrain del. In Zeichnungsmanier. No. 12. Achteckig. qu. fol.

G. Edelinck.

3256. Moses mit den Gesetztafeln. Ph. de Champagne p.

R. Nanteuil und G. Edelinck sc. gr. fol. Robert-Dumesnil 2. Guter 3. Abdruck. Bis zum Plattenrand beschnitten.
3257. Le Benedicite. C. Le Brun p. fol. R.-D. 8. Guter und seltener 2. Abdruck, vor der Adresse.
3258. Das grosse Crucifix mit den Engeln. Idem p. In 2 Blättern. imp. fol. R.-D. 17. 3. Abdruck.
3259. Das Gebet des heiligen Ludwig. Idem p. fol. R.-D. 28.
3260. Die Predigt des heiligen Franz Xaver. H. Sourley inv. fol. R.-D. 30. Schöner Abdruck. Aufgezogen.
3261. Portrait von Ph. de Champagne. Se ipse p. fol. R.-D. 164. 1. Abdruck eines Hauptblattes.
3262. N. Blampignon. J. Vivien p. fol. R.-D. 153. Guter 2. Abdruck vor der Adresse.
3263. H. Goltzius. fol. R.-D. 216. Guter 3. Abdruck.
3264. Ch. Le Brun. N. de Largillière p. gr. fol. R.-D. 238. Guter Abdruck, etwas gebräunt und mit ausgebessertem Riss im Rande.
3265. Michel Le Tellier. F. Voet p. fol. R.-D. 243. Guter Abdruck.
3266. Dasselbe.
3267. Ch. Mouton, der Lautenschläger. F. de Troy p. fol. R.-D. 281.
3268. R. Poisson, der Schauspieler, in ganzer Figur. T. Netscher p. fol. R.-D. 299. Sehr schöner und seltener 2. Abdruck, vor der Adresse Rue S. Jacques.
3269. P. Surirey de Saint Remy. H. Rigaud p. 4. R.-D. 310. 1. seltener Abdruck. Aufgezogen.
3270. D. Teniers. Se ipse p. 4. R.-D. 326. Schöner Abdruck.
3271. Tiziano Vecelli. fol. R.-D. 327. 3. Abdruck.
3272. These mit dem Medaillon Ludwig XIV., genannt der Triumph der Kirche. C. Le Brun p. In 2 nicht zusammengefügten Blättern. imp. fol. R.-D. 258. Capitalblatt in 1. Abdruck.
3273. These mit der Figur Ludwig XIV. zu Pferd, genannt die These des Colbert. Idem p. In 2 dergleichen. imp. fol. R.-D. 259. Capitalblatt in 1. Abdruck.

3274. Dasselbe, ebenso, in 3. Abdruck. Aufgezogen und mit ausgebesserten Rissen.
3275. These mit der Figur Ludwig XIV. Idem p. In 2 nicht zusammengefügten Blättern. R.-D. 260. Capitalblatt in gutem Abdruck.

J. Edelinck.

3276. Anbetung der Könige, vielleicht nach Rubens. 8.

N. Edelinck.

3277. Portrait von Ger. Edelinck. F. Tortebat p. fol. Beschnitten und aufgezogen.

J. Fittler.

3278. The Distress of Tigranes before Cyrus. B. West p. gr. qu. fol. Fleckig.

J. Godley.

3279. Portrait von Dr. Herschel. F. Rehberg del. Punktirt. fol.

F. Geissler.

3280. Landschaft mit Viehheerde. N. Berghem p. fol. Vor der Schrift.
3281. Landschaft mit Viehheerde im Wasser. Idem p. qu. fol. Ebenso.

V. Green.

3282. The placing Christ in the Sepulchre. L. Carracci p. Schwarzkunst, wie die Folgenden. fol. Gebräunt.
3283. Christ and the four Penitents. P. P. Rubens p. Grau und etwas fleckig.
3284. Castor and Pollux and the Daughters of Leucippus. Idem p. gr. fol. Grau und brüchig.
3285. Agrippina weint bei der Urne mit der Asche des Germanikus. B. West p. gr. fol. Vor der Schrift.

S. Gribelin.

3286. 8 Bl. Die Cartons von Raphael in Hampton Court. qu. 4. Schöne Abdrücke, beschnitten.

C. Haldenwang.

3287. Die heimkehrenden Heerden. Claude Lorrain p. qu. roy. fol. Vor der Schrift.

J. Health.

3288. The Death of Major Pierson. J. Singleton Copley p. qu. roy. fol. Guter Abdruck. Bis zum Plattenrand beschnitten.

N. Hoff.

3289. Portrait Friedrich Wilhelm II. von Preussen. J. Cunningham p. Schwarzkunst. fol.

J. B. Jackson.

3290. Der Tod des Petrus des Dominikaners. Tizian p. Clairobscur wie die Folgenden. fol.
3291. Die Madonna mit den sechs Heiligen. Idem p gr. fol.
3292. Das heilige Pfingstfest. Idem p. gr. fol.
3293. Der Kindermord. Giac. Tintoretto p. qu. fol.
3294. Das Wunder des heiligen Markus mit dem Sclaven. Idem p. In 2 Blättern. qu. roy. fol.
3295. Die Darstellung im Tempel. Paolo Veronese p. fol. Faltig.
3296. Das Gastmahl Simon's, oder eines der sogenannten Gastmähler. Idem p. In 2 Bl. qu. roy. fol.
3297. Die Auffindung Moses. Idem p. gr. fol.
3298. Die Grablegung. Giac. Ponte Bassano p. gr. fol.
3299. Christus am Oelberge. Idem p. gr. fol.
3300. Melchisedech und Abraham. L. Ponte Bassano p. gr. fol.
3301. Auferweckung des Lazarus. Idem p. gr. fol.

J. Ingouf.

3302. Le Portrait de Gerard Dow, die Violine spielend. Se ipse p. fol. 2. Abdruck mit Basan's Adresse.
3303. Dasselbe, vor der Schrift und auf Chines. Papier; der Druck jedoch nicht schön.

C. Kuntz.

3304. Die berühmte pissende Kuh. P. Potter p. Aquatinta. qu. roy. fol. Capitalblatt in schönem Abdruck. Der Rand etwas brüchig.

P. Laurent.

3305. La Bohemienne consultée. N. Berghem p. gr. qu. fol. Brüchig.

N. Lauwers.

3306. Der Triumph des christlichen Glaubens. P. P. Rubens p. In 2 nicht zusammengefügten Blättern. qu. roy. fol.

J. P. Le Bas.

3307. Les Philosophes bacciques. D. Teniers p. qu. fol.
3308. VI. Vue de Flandre. Idem p. qu. fol.
3309. 2 Bl. 7. et 8. Vue de Flandre. Idem p. kl. qu. fol.

J. Le Charpentier.

3310. Le Coup de Vent. J. Vernet p. gr. qu. fol..

L. Lempereur.

3311. Le Festin espagnol. Palamedes p. gr. qu. fol. Schöner Abdruck.

B. Lepicié.

3312. La Circoncision de N. S. Jesus Christ. Giul. Romano p. qu. fol. Beschnitten und aufgezogen.

D. Lerpinière.

3313. A Storm. J. Vernet p. gr. qu. fol. Schöner Abdruck.
3314. Dasselbe. Leidlicher Abdruck. Bis zum Plattenrand beschnitten.

A. Lommelin.

3315. Der Triumph der christlichen Liebe. P. P. Rubens p. In 2 nicht zusammengefügten Blättern. qu. roy. fol. Capitalblatt.

F. Londonio.

3316. 14 Bl. Viehstücke, meist aus der dem Lord Exeter gewidmeten Folge, dabei einige Blätter doppelt und einige auf grau Papier und weiss gehöht. qu. fol. u. 4.

J. Mason.

3317. The rural Village. M. Hobbema p. gr. qu. fol. Guter Abdruck, etwas fleckig.

A. Masson.

3318. Die eherne Schlange. C. Le Brun p. In 2 nicht zusammengefügten Blättern. qu. roy. fol. Rob.-Dum. 2. 2. Abdruck.
3319. G. de Brisacier. N. Mignard p. fol. R.-D. 15. Guter 3. Abdruck.
3320. Mar. Curaeus a Camera Cenoman. Idem p. fol.

R.-D. 24. Schöner und sehr seltener 1. Abdruck.
3321. Dasselbe, ebenso. Etwas fleckig.
3322. P. Dupuis. Idem p. fol. R.-D. 25. Guter Abdruck, aber über den Stichrand beschnitten.
3323. Frederic-Guillaume dit le Grand Electeur de Brandenbourg. fol. R.-D. 30. Guter Abdruck. Bis zum Plattenrand beschnitten.
3324. Oliv. Le Fèvre d'Ormesson. fol. R.-D. 58. Sehr schöner 2. Abdruck eines Hauptblattes.
3325. Dasselbe, unvollendeter Probedruck oder Aetzdruck, ein Unicum. Um das Oval beschnitten und aufgezogen.
3326. Louis XIV. C. Le Brun p. fol. R.-D. 43. Bis zum Plattenrand beschnitten.
3327. A. Turgot de S. Clair. fol. R.-D. 66. Grau.

J. S. Miller.
3328. Moon Light. A. van der Neer p. qu. fol.

J. Moucheron.
3329. 7 Bl. Landschaften mit Staffage. Zaal stuecken in't huis van de H. D. B. Mezquita. Radirt. fol. u. qu. fol.

J. C. Nathe.
3330. 34 Bl. Landschaften und Köpfe mit dem Titel. Radirt. In verschiedenem Format.

J. Neidl.
3331. Ceres zündet die Fackel an um Proserpina zu suchen. A. Nahl inv. Punktirt. gr. fol. Mit Nadelschrift.

J. Ouvrier.
3332. 2 Bl. L'Ecole Flamande et Hollandoise. F. Eisen p. fol.

J. Pacot.
3334. Versuchung des heiligen Antonius. Copie nach J. Callot. qu. fol.

J. Pavon.
3334. Mater amabilis. G. Sassoferrato p. gr. fol. Schöner Abdruck.

W. Pether.
3335. Der Hufschmidt. C. Garrard p. Schwarzkunst. gr. qu. fol.

J. Pichler.
3336. Semiramis. H. Füger p. Schwarzkunst. gr. fol.
B. Piringer.
3337. 4 Bl. Die berühmte Folge der Tageszeiten des Claude Lorrain. Aquatinta. gr. qu. fol.
F. de Poilly.
3338. Johannes auf Patmos. C. Le Brun p. fol. Schöner 1. Abdruck.
P. Pontius.
3339. Der Kindermord. P. P. Rubens p. In 2 nicht zusammengefügten Blättern. qu. roy. fol. Eingetuscht.
3340. Portrait von P. P. Rubens. Se ipse p. fol. Fleckig und bis zum Stichrand beschnitten.
C. G. Prestel.
3341. Römischer Feldherr mit Gefangenen. F. Boitard inv. In Zeichnungsmanier. fol.
E. Rooker.
3342. A Roman Monument at Igel, mit landwirthschaftlicher Umgebung. W. Pars del. qu. fol.
J. Schmuzer.
3343. Neptune et Thetis. P. P. Rubens p. roy. fol. Guter Abdruck.
3344. 2 Bl. Adler auf der Jagd der Wölfe und Schlangen, und Luchsen auf der Jagd der Steinböcke und Gemsen. C. Ruthart p. gr. qu. fol. Ebenso.
3345. 2 Bl. Dieselben. Vor der Schrift.
3346. Portrait von G. G. König von Königsthal, sitzend im Lehnstuhle. 1759. fol. Vor der Schrift.
J. K. Sherwin.
3347. Capt. J. Cook. Kniestück. N. Dance p. fol. Aufgezogen.
J. R. Smith.
3348. A Lady and her Children relieving a Cottager. W. Bigg p. Schwarzkunst. qu. fol. Beschnitten und aufgezogen.
3349. Louis Philippe, Duke of Orleans, in ganzer Figur. J. Reynolds p. Schwarzkunst. gr. fol.
S. Smith.
3350. Landschaft mit der Auffindung Mosis. F. Zuccarelli p. qu. roy. fol. Vor der Schrift.

J. Taylor.
3351. The Murder of David Rizzio. J. Opie p. gr. qu. fol. Mit Nadelschrift.

C. Townley.
3352. Die entlaufene Tochter. J. Le Ducq p. Schwarzkunst. qu. fol.

L. Vorsterman.
3353. Susanna und die beiden Alten. P. P. Rubens p. fol. Fleckig.

T. Watson.
3354. A Storm with Lightening H. Kobell p. Schwarzkunst. gr. qu. fol.

H. Witdouc.
3355. Mariä Himmelfahrt. P. P. Rubens p. gr. fol. Bis zum Stichrand beschnitten und aufgezogen.

W. Woollett.
3356. The Death of General Wolfe. B. West p. gr. qu. fol. Capitalblatt in schönem Abdruck vor der Kreuzschraffirung auf der Flinte und vor den Worten Right Honourable in der vierten Zeile der Ueberschrift.
3357. Dasselbe Blatt, ebenso, aber fleckig.
3358. Dasselbe. Schöne Copie von T. Falckeisen. gr. qu. fol. Die Schrift mit der Nadel gerissen.
3359. Jacob und Laban, genannt die grosse Brücke. Claude Lorrain p. qu. roy. fol. Capitalblatt vor der Schrift.
3360. Die Landschaft mit dem Tempel des Apollo. Idem p. qu. fol. Guter Abdruck. Bis zum Plattenrand beschnitten.
3361. 2 Bl. Morning und Evening. H. van Swanevelt p. gr. qu. fol. Gute 2. Abdrücke.
3362. Der Wald. G. Poussin p. qu. fol. Dritter Abdruck mit Charlotte Street.
3363. The Fishery. R. Wright p. gr. qu. fol. 1. Abdruck mit Green Street, aber grau.
3364. Ceyx and Alcyone. R. Wilson p. gr. qu. fol. Erster vorzüglicher Abdruck mit Green Street und Ryland and Bryer.
3365. Dasselbe. Guter 2. Abdruck, ebenfalls mit Green

Street, aber Sayer und Bennet anstatt Ryland and Bryer.
3366. The first Scene of the Maid of the Mill oder die kleine Mühle. J. Richards p. qu. fol. 2. Druck, mit Charlotte Street.
3367. Die kleine Landschaft mit der Brücke. G. Smith of Chistester p. kl. qu. fol.
3368. 4 Bl. aus der Folge der Schweizeransichten. W. Pars del. qu. fol. Meist 1. Abdrücke, mit Pars' Adresse.
3369. Portrait von P. P. Rubens. A. van Dyck p. gr. 4. **Vorzüglicher und sehr seltener Abdruck vor der Schrift**, d. h. bloss mit 1 Zeile Nadelschrift und ebenso die Namen der Künstler und der Verleger.
3370. Boys at Play. B. Murillo p. W. Woollett dir. fol.

A. Zingg.

3371. 2 Bl. Die Jagd und die Landschaft mit den Reisenden. J. Ruisdael und J. Both p. Dresdener Gallerie. qu. fol. Vor der Schrift.
3372. Die Landschaft mit dem Blitz. C. W. E. Dietrich p. qu. fol. Vor der Schrift.
3373. Ansicht von Hirniskretzschen in der Sächsischen Schweiz. Radirt und Sepia wie die Folgenden. qu. fol.
3374. Ansicht von Königstein, ebenda. qu. fol.
3375. 2 Bl. Dergleichen Ansichten, ebenda. qu. fol.

Kupferwerke.

3376. Galerie du Palais Royal gravée d'après les Tableaux des differentes Ecoles qui la composent avec un abregé de la Vie des Peintres etc. par M. l'Abbé de Fontenai. Dediée an Duc d'Orleans par J. Couche, Graveur de son Cabinet. 210 Bl. Kupferstiche (nicht vollständig und ein Theil der Blätter fleckig). Paris, 1786. fol. Halbfranzband.
3377 a b. Aedium Farnesiarum Tabulae ab Annib. Carraccio depictae a Car. Caesio aeri insculptae atq. a Lucio Philarchaeo explic. illustr. Romae, 1753. fol. 2 Pappbände. Einige Blätter defect.
3378. The West Window of the Chapel, New College, Oxford. After Pictures painted by S. Josh. Reynolds and executed on Glass by M. Jervaise. Engraved

by S. G. and J. G. Facius. 14 Blatt Kupferstiche. Die Blätter in 1 halbengl. Band in gr. fol. auf Untersetzbogen aufgelegt. London, 1785. gr. fol.
3379. Oeuvres de J. B. Huet. 38 Bl. in gr. fol. Mit vielen Radirungen, Thieren, Landschaften etc. des Meisters. Paris. gr. fol. Halbfranzband.
3380. C. G. Prestel, Sammlung von Blättern in Zeichnungsmanier nach berühmten Italienischen, Niederländischen, Deutschen und andern Meistern. 37 Bl. aus verschiedenen Sammlungen oder Folgen. Meist in fol.
3381. E. und J. Riepenhausen, Geschichte der Malerei in Italien. 2 Hefte, 24 Kupferstiche enthaltend, in gr. fol. Nebst Text in fol. (Mehrere Blätter fleckig.) Tübingen 1810. fol. Halbfranzband und lose.
3382. 2 Mappen in Halbleder und gr. fol., aus welchen die eingebundeu gewesenen Untersatzbogen herausgeschnitten sind.

RUDOLPH WEIGEL'S KUNST-AUCTION IN LEIPZIG.

Versteigerungspreise
der
Thiermann'schen Kunst-Auction
vom 10. Juni 1862.

Wo unter den Limiten weggegangen, entsprachen die Blätter nicht den Anforderungen meiner Herren Comittenten.

Rudolph Weigel.

Nummer	Rtl.	ngl	Nummer	Rtl.	ngl	Nummer	Rtl.	ngl	Nummer	Rtl.	ngl
1	—	15	31	—	5	62	—	16	93	—	2
2	—	5	32	—	4	63	—	2	94	2	10
3	—	6	33	—	4	64	6	—	95	—	5
4	—	2	34	—	4	65	3	12	96	—	16
5	8	10	35	—	1	66	—	1	97	—	17
6	9	—	36	—	3	67	9	—	98	—	1
7	8	16	37	—	3	68	6	12	99	—	1
8	7	15	38	—	2	69	6	15	100	7	25
9	—	—	39	—	4	70	6	11	101	5	5
10	—	1	40	1	5	71	7	1	102	3	12
11	—	—	41	—	13	72	10	1	103	2	—
12	—	1	42	—	12	73a	7	—	104	1	15
13	—	1	43	2	10	73b	6	5	105	2	10
14	6	5	44	5	—	74a	1	5	106	3	7
15	8	20	45	4	5	74b	1	25	107	4	15
16	—	1	46	—	8	75	—	5	108	1	—
17	6	5	47	—	6	76	—	2	109	—	8
18	6	—	48	—	1	77	—	4	110	—	8
19	—	1	49	—	1	78	—	2	111	—	1
20	9	—	50	—	—	79	—	2	112	—	—
21a	8	15	51	2	2	80	—	1	113	26	1
21b	8	25	52	2	12	81	—	1	114	—	2
22	—	1	53	—	4	82	—	2	115	—	1
23	—	1	54	—	17	83	—	1	116	—	1
24	—	4	55	—	12	84	—	2	117	—	5
25	—	2	56	—	2	85	—	1	118	20	1
26	—	2	57	—	2	86	—	2	119	14	1
27	—	4	58	—	3	87	—	12	120	32	—
28	—	3	59	—	2	88a	—	6	121	32	—
29	—	3	60	—	4	88b	—	1	122	—	4
30	—	2	61	4	—	89-92	—	3	123	—	6

Nummer	Rd.	ngf	Nummer	Rd.	ngf	Nummer	Rd.	ngf	Nummer
124	—	11	170			216	—	1	262
125	—	—	171	—	2	217			263
126	—	6	172			218	—	2	264
127	—	4	173			219			265
128	40	—	174	—	2	220	—	—	266
129	—	6	175			221	1	—	267
130	—	6	176	—	3	222	1	—	268
131	—	5	177			223	—	2	269
132	—	9	178			224	—	1	270
133	—	6	179	—	1	225	—	1	271
134	—	11	180	—	2	226			272
135	—	6	181	—	1	227	—	2	273
136	—	12	182			228			274
137	—	10	183	—	4	229	—	1	275
138	—	2	184	—	4	230	—	1	276
139	2	1	185	—	2	231			277
140	—	10	186	—	5	232	—	1	278
141	—	1	187			233			279
142	—	1	188			234	—	4	280
143	—	1	189	—	4	235			281
144	—	—	190			236	—	1	282
145	—	3	191			237	—	—	283
146	—	2	192	—	2	238	—	2	284
147	—	2	193	—	2	239	—	3	285
148	—	1	194	—	1	240			286
149	—	2	195	—	—	241	—	4	287
150	—	1	196	—	2	242	1	—	288
151	—	1	197	—	4	243	1	—	289
152	—	9	198	—	4	244	2	5	290
153			199	—	3	245	—	2	291
154	3	10	200	—	2	246			292
155	3	10	201	—	1	247	—	10	293
156	2	12	202	—	1	248			294
157	—	1	203	—	2	249	2	1	295
158	—	1	204			250	5	12	296
159	—	—	205	—	1	251	4	5	297
160	—	1	206	—	1	252			298
161	—	1	207	—	1	253	—	2	299
162	—	2	208			254			300
163	—	2	209	—	3	255			301
164	—	2	210			256	—	2	302
165	—	1	211	—	1	257			303
166	—	2	212			258	51	—	304
167	—	1	213	—	4	259	37	—	305
168	—	1	214			260	5	—	306
169	—	1	215	3	5	261	6	—	307

Nummer	Rt	ngl	Nummer	Rt	ngl	Nummer	Rt	ngl	Nummer	Rt	ngl
308	1	—	354	—	6	400	—	4	445	—	8
309			355	1	—	401	—	7	446	—	1
310			356			402			447	—	5
311	—	2	357			403	—	1	448	—	4
312			358			404	—	1	449	—	3
313			359			405	—	6	450	—	12
314	—	2	360	—	25	406a	—	21	451	5	12
315	—	1	361			406b	—	8	452	5	10
316	—	1	362			407	2	8	453	5	5
317	—	6	363			408	—	3	454	4	—
318	—	21	364			409	—	4	455		
319	—	1	365	4	—	410	—	4	456		
320	1	—	366	—	13	411	—	1	457	—	11
321	—	5	367	1	1	412	—	1	458		
322	—	8	368	—	4	413	—	2	459		
323	—	8	369	2	—	414			460	—	8
324	—	3	370	1	10	415	—	14	461	—	8
325	—	4	371	1	1	416			462	—	1
326	—	1	372	4	1	417			463	—	—
327	—	1	373	—	5	418	—	6	464	—	4
328	—	2	374	7	—	419	—	5	465	—	—
329	—	—	375			420	—	15	466	—	—
330	—	2	376	—	5	421			467	—	16
331	—	16	377			422			468		
332	—	—	378			423	—	6	469	—	4
333	—	—	379			424			470		
334	—	11	380	—	22	425			471	—	1
335	—	1	381			426	—	8	472	—	2
336	—	2	382			427	—	3	473	—	2
337	—	4	383			428	—	3	474	—	16
338	—	16	384			429	—	5	475	—	—
339	—	24	385	—	4	430	—	5	476	—	1
340	—	2	386			431	—	4	477	—	1
341	—	2	387	—	4	432	—	12	478	—	11
342	—	5	388	—	3	433	3	15	479	—	4
343	2	1	389	—	3	434	2	20	480	—	11
344	—	6	390	—	4	435	—	25	481	—	4
345	4	—	391	—	7	436	—	10	482	—	1
346	2	1	392	—	4	437	—	9	483	—	3
347	—	6	393	—	3	438	—	16	484	—	2
348	—	2	394	—	3	439	—	1	485	—	8
349	—	1	395	—	7	440	—	5	486	—	4
350	—	2	396	—	1	441	—	1	487	—	1
351	—	6	397			442	—	3	488	—	1
352	—	1	398	—	5	443			489	1	3
353	—	3	399			444	—	4	490	—	2

Nummer	ℜ	ngl	Nummer	ℜ	ngl	Nummer	ℜ	ngl	Nummer
491	—	17	538	—	7	584	—	3	630
492	—	18	539	—	16	585	—	3	631
493	—	12	540	—	2	586	—	1	632
494	—	13	541	—	5	587	1	8	633
495	—	12	542	—	18	588	—	4	634
496	—	2	543			589	—	3	635
497	—	3	544	—	8	590	—	2	636
498	4	10	545			591	—	1	637
499	1	1	546	—	4	592	—	1	638
500	—	8	547	—	2	593	—	6	639
501	—	7	548	—	1	594	—	4	640
502	—	8	549	—	4	595	—	3	641
503	—	2	550	—	5	596	6	—	642
504	—	8	551	—	2	597	6	—	643
505	—	4	552	—	5	598	—	2	644
506	—	10	553	—	4	599	—	2	645
507	—	2	554	—	3	600	—	17	646
508	—	9	555	—	3	601	—	10	647
509	—	11	556	—	2	602	—	2	648
510	—	3	557	—	1	603	2	12	649
511	—	3	558	—	2	604	—	5	650
512	—	2	559	—	2	605	—	7	651
513	—	11	560	—	3	606			652
514	—	11	561	—	2	607	—	10	653
515	—	6	562	—	1	608	—	2	654
516	—	4	563	—	5	609	—	1	655
517	—	6	564	—	5	610	—	1	656
518	—	5	565	—	7	611	1	2	657
519	—	5	566	1	2	612	—	8	658
520	—	2	567	—	25	613	1	—	659
521	—	8	568	—	2	614	—	18	660
522	—	10	569			615	—	11	661
523	—	2	570			616	1	8	662
524	—	2	571	—	8	617	1	8	663
525	—	12	572			618	—	15	664
526	—	2	573	—	8	619	—	10	665
527	—	1	574	—	2	620	—	7	666
528	—	2	575	—	4	621	—	9	667
529	—	11	576	—	3	622	—	2	668
530	—	12	577	—	3	623	—	10	669
531	1	3	578	—	2	624	—	7	670
532	2	8	579	—	8	625	—	3	671
533	2	8	580	—	2	626	—	2	672
534	—	2	581	—	2	627	—	1	673
535	—	1	582	—	3	628	—	1	674
536 u. 37	—	1	583	—	5	629	—	1	675

5

Nummer	Rℓ	ngℓ	Nummer	Rℓ	ngℓ	Nummer	Rℓ	ngℓ	Nummer	Rℓ	ngℓ
676	—	4	723	—	15	769	—	1	816	—	1
677	—	1	724	—	16	770	—	1	817	—	1
678	—	1	725	—	10	771	—	6	818	—	—
679	3	20	726	—	11	772	—	1	819	1	2
680	—	4	727	—	5	773	—	10	820	—	2
681	—	2	728	—	20	774	—	17	821	—	25
682	—	1	729	—	1	775	—	8	822	2	1
683	—	1	730	—	1	776	—	3	823	—	4
684	—	6	731	—	8	777	—	2	824	—	3
685	—	1	732	1	1	778	—	2	825	—	1
686	—	—	733	1	21	779	—	2	826	—	1
687	—	7	734	—	8	780	—	2	827	—	5
688	—	16	735	—	8	781	1	—	828	—	4
689	—	10	736	—	21	782	—	11	829	—	1
690	—	20	737a	—	10	783	—	12	830	—	9
691	—	15	737b	1	12	784	2	—	831	—	5
692	—	13	738	—	14	785	—	20	832	1	6
693	—	16	739	—	22	786			833	—	3
694	—	11	740	—	2	787	—	29	834	—	16
695	—	3	741	—	1	788			835	—	1
696	2	16	742	—	2	789	—	12	836	1	—
697	1	1	743	—	—	790	—	4	837	—	11
698	—	6	744	—	8	791	—	16	838	—	12
699	—	2	745	—	4	792			839	—	10
700	—	1	746	—	2	793	—	4	840	—	15
701	—	8	747	—	1	794			841	—	15
702	—	8	748	1	1	795	1	21	842	—	11
703	1	2	749	—	5	796	—	16	843	1	1
704	—	10	750	2	5	797	—	10	844	—	22
705	1	2	751	3	8	798	—	7	845	—	4
706	—	10	752	—	11	799	—	19	846	—	3
707	—	2	753	1	15	800	1	5	847	—	.
708	—	3	754	—	1	801	—	12	848	—	4
709	—	1	755	—	1	802	—	17	849	—	5
710	—	2	756	—	1	803	—	19	850	—	—
711	—	3	757	—	1	804			851	—	—
712	—	16	758	—	10	805	—	3	852	—	5
713	—	3	759	—	3	806			853	—	2
714	—	4	760	—	15	807	—	5	854	—	1
715	—	3	761	—	4	808			855	—	1
716	—	3	762	—	2	809	—	4	856	—	—
717	—	3	763	—	1	810			857	—	2
718	—	6	764	—	10	811	—	2	858	—	3
719	—	1	765	—	20	812	—	1	859	—	1
720	—	9	766	—	22	813	—	6	860	—	1
721	2	25	767	—	3	814	—	10	861	—	—
722	4	15	768	—	3	815	—	1	862	—	2

Nummer	Rd.	ngf	Nummer	Rd.	ngf	Nummer	Rd.	ngf	Nummer	Rd.	ngf
863	—	—	910	—	—	957	—	2	1004	—	6
864	—	1	911	—	3	958	—	6	1005	1	6
865	—	1	912	2	2	959	—	1	1006	—	1
866	—	10	913	1	11	960	—	—	1007	—	1
867	—	8	914	—	15	961	—	1	1008	—	5
868	—	11	915	4	15	962	—	2	1009)		
869	—	3	916	2	—	963)			1010(	—	1
870	—	10	917	1	10	964}	—	2	1011	—	5
871	—	7	918	—	3	965)			1012	—	20
872	—	4	919	—	5	966	—	3	1013	—	15
873	—	2	920	—	15	967	—	1	1014)		
874	—	2	921)	—	3	968	—	6	1015}	1	
875	—	1	922(			969	—	6	1016)		
876	—	3	923)	—	6	970	—	4	1017	1	—
877	1	9	924(			971	—	5	1018	—	7
878	1	10	925)			972	—	4	1019	2	12
879	—	22	926	—	8	973	—	3	1020	—	1
880	—	10	927	—	12	974	—	2	1021	—	4
881	—	7	928)			975	—	2	1022	—	4
882	—	7	929(	—	6	976	—	2	1023	—	5
883	—	1	930)			977	—	4	1024	—	5
884	—	2	931)			978	—	3	1025	—	6
885	—	4	932	—	8	979	—	8	1026	—	1
886	1	—	933	—	6	980	—	11	1027	—	—
887)			934	—	1	981	—	11	1028	—	4
888(	—	14	935	—	2	982	—	9	1029	—	3
889(			936	—	26	983	—	10	1030	—	7
890)			937	—	3	984	1	1	1031	—	20
891	1	11	938	—	3	985	—	2	1032	—	7
892	1	20	939	—	1	986	—	1	1033	—	5
893	—	2	940	—	1	987)			1034	—	19
894	—	1	941	—	4	988(	—	2	1035	—	2
895	—	7	942	—	3	989)			1036)		
896	—	1	943	—	1	990	—	1	1037}	—	12
897	—	1	944	—	—	991	—	12	1038)		
898	—	6	945	—	2	992	—	1	1039	—	26
899	—	—	946	1	2	993	—	9	1040	2	2
900	—	5	947	—	20	994	—	1	1041	1	5
901	—	1	948	1	21	995	—	1	1042	—	1
902	—	1	949	2	—	996	—	1	1043	—	—
903	—	2	950	—	5	997	—	1	1044	—	2
904	—	1	951	—	5	998	—	1	1045	—	2
905	—	3	952	—	2	999	—	3	1046	—	4
906	—	2	953	—	7	1000	—	3	1047	—	1
907	—	3	954	—	2	1001	—	—	1048	1	8
908	—	2	955	—	12	1002	—	3	1049	—	2
909	—	1	956	—	4	1003	—	15	1050	1	1

Nummer	ℛt	ngl	Nummer	ℛt	ngl	Nummer	ℛt	ngl	Nummer	ℛt	ngl
1051	—	9	1095	—	3	1142	—	4	1189	—	3
1052	—	6	1096	—	7	1143	—	3	1190	—	5
1053	—	3	1097	—	1	1144	—	3	1191	1	3
1054	—	6	1098	—	2	1145	—	2	1192	—	12
1055	—	2	1099	—	29	1146	—	16	1193	—	8
1056	—	—	1100	—	1	1147	—	1	1194	—	3
1057	—	2	1101	—	8	1148	2	—	1195	—	4
1058	1	—	1102	—	8	1149	—	8	1196a	—	3
1059	—	1	1103	—	5	1150	—	1	1196b	—	2
1060	—	1	1104	1	6	1151	1	—	1196c	—	6
1061	—	—	1105	—	9	1152	—	11	1197	—	8
1062	—	1	1106	—	7	1153	—	6	1198	—	6
1063	—	2	1107	—	9	1154	—	3	1199	—	12
1064	—	4	1108	1	4	1155	—	6	1200	—	4
1065a	—	6	1109	1	—	1156	—	1	1201	—	3
1065b	—	3	1110	—	11	1157	—	—	1202	—	6
1065c	—	12	1111	—	19	1158	—	1	1203	—	29
1065d	1	—	1112	—	3	1159	—	—	1204	—	5
1066	—	20	1113	—	3	1160	—	4	1205a	—	7
1067	—	26	1114	—	20	1161	—	1	1205b	—	5
1068	—	6	1115	2	—	1162	—	3	1206	—	1
1069	—	12	1116	2	-	1163	—	3	1207	—	3
1070	—	10	1117	1	—	1164	—	2	1208	—	8
1071	—	12	1118	—	20	1165	—	—	1209	—	3
1072	—	13	1119	—	1	1166	—	1	1210	—	2
1073	—	3	1120	—	2	1167	—	2	1211	—	3
1074	—	19	1121	—	1	1168	—	6	1212	—	11
1075	—	8	1122	—	1	1169	—	1	1213	—	8
1076	—	8	1123	1	5	1170	—	11	1214	—	4
1077	—	16	1124	—	26	1171	—	1	1215	—	3
1078	—	2	1125	—	9	1172	—	1	1216	—	3
1079	—	18	1126	—	1	1173	—	3	1217	—	3
1080	—	3	1127	—	9	1174	—	1	1218	1	8
1081	—	3	1128	—	2	1175	—	1	1219	2	20
1082	—	—	1129	—	6	1176	—	3	1220	2	—
1083	—	6	1130	—	4	1177	—	3	1221	—	10
1084	—	2	1131	—	1	1178	—	17	1222	2	15
1085	—	1	1132	—	1	1179	—	11	1223	—	10
1086	—	3	1133	—	14	1180	1	5	1224	—	16
1087	1	3	1134	—	1	1181	1	19	1225	—	10
1088	—	28	1135	—	2	1182	2	8	1226	—	5
1089	1	12	1136	—	28	1183	—	6	1227	—	2
1090	—	7	1137	—	1	1184	—	20	1228	—	16
1091	1	4	1138	—	4	1185	—	26	1229	—	16
1092	—	2	1139	—	6	1186	—	9	1230	—	7
1093	—	1	1140	—	3	1187	2	10	1231	—	13
1094	—	2	1141	—	3	1188	—	1	1232	—	16

Nummer	Rt.	ngt	Nummer	Rt.	ngt	Nummer	Rt.	ngt	Nummer
1233	—	1	1279	—	1	1325	—	2	1371
1234	—	1	1280	—	4	1326	—	12	1372
1235	—	4	1281	2	—	1327	—	1	1373
1236	—	15	1282	—	9	1328	—	1	1374
1237	—	1	1283	2	—	1329	—	1	1375
1238	—	2	1284	—	2	1330	—	6	1376
1239	—	2	1285	—	1	1331	—	26	1377
1240	—	20	1286	—	4	1332	—	14	1378
1241	—	1	1287	—	8	1333	—	12	1379
1242	—	1	1288	—	10	1334	1	5	1380
1243			1289	—	6	1335	1	2	1381
1244	—	3	1290	—	6	1336	—	18	1382
1245	—	1	1291	—	20	1337	—	13	1383
1246	—	2	1292	—	2	1338	1	8	1384
1247			1293	—	—	1339	—	11	1385
1248	—	—	1294	—	3	1340	—	3	1386
1249	—	2	1295	—	29	1341	—	3	1387
1250	—	—	1296	—	3	1342	—	2	1388
1251	—	3	1297	—	3	1343	—	7	1389
1252	1	6	1298	—	2	1344	—	12	1390
1253	—	2	1299	—	4	1345	—	12	1391
1254	—	2	1300	—	1	1346	—	6	1392
1255	—	1	1301	—	—	1347	—	5	1393
1256	—	1	1302	—	2	1348	—	2	1394
1257	—	1	1303			1349	—	3	1395
1258	—	1	1304	—	3	1350	1	—	1396
1259	—	8	1305			1351	—	17	1397
1260	—	1	1306			1352	—	20	1398
1261	—	1	1307	—	6	1353	—	5	1399
1262	—	3	1308	—	2	1354	—	25	1400
1263	—	1	1309	—	2	1355	—	20	1401
1264	—	3	1310	—	3	1356	—	16	1402
1265	—	—	1311	—	25	1357	—	10	1403
1266	—	10	1312	—	1	1358	—	9	1404
1267	—	3	1313	—	3	1359	—	8	1405
1268	—	3	1314	—	2	1360	—	8	1406
1269	—	8	1315	—	3	1361	1	4	1407
1270	—	8	1316	—	1	1362	—	1	1408
1271	—	3	1317	—	9	1363	—	1	1409
1272	—	1	1318	—	1	1364	—	2	1410
1273	1	—	1319	—	2	1365	—	4	1411
1274	—	1	1320	—	—	1366	—	—	1412
1275	—	1	1321	—	11	1367	—	3	1413
1276	—	4	1322	—	1	1368	—	2	1414
1277	—	2	1323	—	7	1369	—	3	1415
1278	—	2	1324	—	2	1370	—	—	1416

Nummer	ℛ	ngl	Nummer	ℛ	ngl	Nummer	ℛ	ngl	Nummer	ℛ	ngl
1417	—	3	1463	1	3	1509	—	3	1555	1	—
1418	—	2	1464	—	5	1510	—	1	1556	—	13
1419	—	3	1465	—	3	1511	—	1	1557	2	—
1420	—	12	1466	—	2	1512	—	12	1558	—	1
1421	—	3	1467	—	3	1513	—	2	1559	—	1
1422	—	4	1468	—	6	1514	—	2	1560	—	12
1423	—	1	1469	—	1	1515	—	2	1561	1	—
1424	—	25	1470	—	1	1516	—	26	1562	—	5
1425	—	11	1471	—	1	1517	—	3	1563	—	5
1426	—	22	1472	—	1	1518	—	3	1564	—	1
1427	—	11	1473	—	1	1519	—	3	1565		
1428	1	5	1474	—	7	1520			1566	—	4
1429	—	8	1475	—	1	1521			1567		
1430	—	2	1476	—	3	1522	—	10	1568	—	3
1431	—	1	1477	—	1	1523			1569	—	1
1432	—	1	1478	—	1	1524	—	3	1570	—	3
1433	—	—	1479	—	12	1525	—	1	1571	—	3
1434	1	5	1480	—	3	1526	—	3	1572	—	6
1435	—	2	1481	—	5	1527	—	3	1573	—	2
1436	—	1	1482	—	7	1528	—	8	1574	—	4
1437	—	1	1483	—	6	1529			1575	—	13
1438	—	5	1484	—	8	1530	—	22	1576	—	3
1439	—	7	1485	—	2	1531			1577	—	8
1440	—	—	1486	—	1	1532	—	3	1578	—	8
1441	—	1	1487	—	3	1533	—	2	1579	—	4
1442	—	1	1488	—	5	1534	—	3	1580	—	8
1443	—	19	1489	1	16	1535	—	5	1581	—	18
1444	—	3	1490	—	14	1536	—	29	1582	—	1
1445	—	5	1491	1	26	1537	—	6	1583	1	3
1446	—	1	1492	—	29	1538	—	1	1584	—	11
1447	—	1	1493	—	2	1539	—	7	1585	—	9
1448	—	1	1494	—	—	1540	—	8	1586	—	12
1449	—	—	1495	—	2	1541	—	1	1587	—	6
1450	—	20	1496	—	12	1542	—	3	1588	—	1
1451	2	5	1497	—	8	1543	—	3	1589	—	15
1452	—	10	1498	—	14	1544	—	1	1590	—	12
1453	2	8	1499	—	13	1545	—	20	1591	—	12
1454	2	10	1500	—	8	1546	—	28	1592	—	4
1455	—	12	1501	—	5	1547	—	11	1593	—	1
1456	—	10	1502	—	6	1548	—	7	1594	—	5
1457	—	11	1503	—	6	1549	2	8	1595	—	1
1458	1	10	1504	—	14	1550	1	8	1596	—	2
1459	—	25	1505	—	2	1551	—	25	1597	—	10
1460	1	—	1506	—	4	1552	—	12	1598	—	1
1461	1	—	1507	—	—	1553	—	11	1599	—	3
1462	—	14	1508	—	1	1554	3	12	1600	—	18

Nummer	Rt.	ngl	Nummer	Rt.	ngl	Nummer	Rt.	ngl	Nummer	Rt.	ngl
1601	—	4	1647	—	9	1693	1	2	1739	1	4
1602	—	3	1648	2	10	1694	—	4	1740	1	20
1603	—	18	1649	1	10	1695	—	12	1741	—	1
1604	—	6	1650	—	10	1696	—	1	1742	—	1
1605	—	10	1651	—	5	1697	—	1	1743	—	1
1606	—	2	1652	1	12	1698	—	9	1744	—	2
1607	1	4	1653	—	8	1699	—	1	1745	—	24
1608	—	20	1654	—	6	1700	—	3	1746	—	3
1609	1	3	1655	2	9	1701	—	4	1747	—	4
1610	—	11	1656	—	18	1702	3	2	1748	—	12
1611	—	11	1657	—	1	1703	3	2	1749	—	9
1612	—	7	1658	—	1	1704	—	17	1750	—	3
1613	—	10	1659	—	4	1705	1	14	1751	—	7
1614	—	3	1660	1	5	1706	1	12	1752	—	3
1615	—	—	1661	—	3	1707	—	23	1753	—	29
1616	—	—	1662	—	6	1708	—	18	1754	—	4
1617	—	11	1663	—	2	1709	—	10	1755	—	6
1618	—	1	1664	—	5	1710	—	8	1756	—	6
1619	—	1	1665	—	8	1711	—	12	1757	—	6
1620	—	13	1666	—	6	1712	1	14	1758	—	25
1621	—	2	1667	—	6	1713	—	19	1759	—	25
1622	—	—	1668	1	8	1714	2	5	1760	—	4
1623	—	18	1669	—	6	1715	—	13	1761	—	2
1624	—	28	1670	—	6	1716	—	12	1762	—	1
1625	—	4	1671	—	6	1717	—	11	1763	—	1
1626	—	7	1672	1	—	1718	—	10	1764	—	1
1627	—	7	1673	—	12	1719	—	5	1765	—	12
1628	—	3	1674	—	8	1720	—	5	1766	—	4
1629	—	29	1675	1	—	1721	—	6	1767	1	6
1630	—	2	1676	—	12	1722	—	3	1768	—	2
1631	—	—	1677	—	1	1723	2	—	1769	—	3
1632	—	4	1678	3	5	1724	—	7	1770	—	11
1633	1	6	1679	—	6	1725	1	20	1771	—	3
1634	—	27	1680	—	5	1726	—	20	1772		
1635	—	12	1681	—	6	1727	1	1	1773	—	12
1636	1	6	1682			1728	—	5	1774		
1637	—	15	1683	—	16	1729	—	7	1775	—	12
1638	—	8	1684			1730	—	10	1776	—	3
1639	—	8	1685	—	5	1731	—	11	1777	—	5
1640	—	4	1686	—	2	1732	—	9	1778	—	6
1641	—	3	1687	—	3	1733	—	12	1779	2	12
1642	—	7	1688	—	29	1734	—	1	1780	—	7
1643	—	11	1689	—	3	1735	—	1	1781	—	9
1644	—	7	1690	—	3	1736	—	—	1782	1	6
1645	—	2	1691	—	3	1737	—	1	1783	—	1
1646	—	3	1692	—	6	1738	—	1	1784	—	2

Nummer	ℛℓ.	ηℊ	Nummer	ℛℓ.	ηℊ	Nummer	ℛℓ.	ηℊ	Nummer	ℛℓ.	ηℊ
1785	—	7	1831	—	2	1877	1	7	1919	—	1
1786	—	1	1832	—	8	1878	2	—	1920	—	4
1787	—	1	1833	—	3	1879	—	6	1921	—	1
1788	—	8	1834	—	4	1880	1	16	1922	—	1
1789	—	14	1835	—	20	1881	—	9	1923	—	4
1790	—	8	1836	1	16	1882	—	11	1924	—	14
1791	—	8	1837	—	8	1883	—	1	1925	—	1
1792	2	8	1838	—	7	1884	—	1	1926	—	3
1793	2	12	1839	—	7	1885	—	10	1927	—	3
1794	—	4	1840	—	20	1886	—	20	1928	—	1
1795	—	3	1841	1	6	1887	—	11	1929	—	—
1796	—	5	1842	—	8	1888	—	7	1930	—	1
1797	—	5	1843	—	10	1889⎫			1931	—	29
1798	—	1	1844	—	4	1890⎬	—	18	1932	—	1
1799	—	5	1845	—	2	1891⎭			1933	—	1
1800	1	5	1846	—	1	1892	1	—	1934	—	1
1801	—	7	1847	—	7	1893	—	10	1935	—	1
1802	1	20	1848	1	—	1894a	—	8	1936	—	29
1803	—	10	1849	1	8	1894b	—	5	1937	—	1
1804	—	3	1850	—	6	1895	—	8	1938	—	—
1805	—	5	1851	—	12	1896	—	8	1939	—	3
1806	—	1	1852	—	4	1897a	—	8	1940	—	—
1807	1	8	1853	—	3	1897b	—	3	1941	—	1
1808	—	14	1854	—	5	1898	—	3	1942	3	—
1809	—	4	1855	—	2	1899	—	7	1943	—	10
1810	—	2	1856	—	4	1900a	—	—	1944⎫	—	10
1811	—	29	1857	—	1	1900b	—	1	1945⎭		
1812	—	5	1858	—	—	1901	—	2	1946	—	6
1813	—	10	1859	—	1	1902	—	5	1947⎫		
1814	—	4	1860	—	—	1903a	—	1	1948⎬	—	18
1815	—	29	1861	—	—	1903b	—	1	1949⎭		
1816	—	24	1862	—	4	1904	—	3	1950	—	11
1817	—	4	1863	—	2	1905	2	5	1951	—	10
1818	—	3	1864	—	2	1906	4	20	1952	—	6
1819	—	1	1865	—	—	1907	—	1	1953	—	7
1820	—	2	1866	—	3	1908	—	3	1954	—	5
1821	—	1	1867	—	3	1909	—	8	1955	—	3
1822	—	1	1868	—	1	1910	—	7	1956	1	12
1823	—	—	1869	—	3	1911	—	1	1957	1	12
1824	—	3	1870	1	12	1912	—	1	1958	—	1
1825	—	9	1871	—	16	1913	—	2	1959	—	1
1826	1	6	1872	—	11	1914	—	11	1960	—	16
1827	1	6	1873	—	8	1915	—	7	1961	1	6
1828	—	10	1874	—	1	1916	—	2	1962	1	—
1829	—	10	1875	—	1	1917	—	1	1963	—	16
1830	—	15	1876	—	1	1918	—	10	1964	—	2

Nummer	Rd.	ngl	Nummer	Rd.	ngl	Nummer	Rd.	ngl	Nummer
1965	—	8	2010	—	2	2056	—	1	2102
1966	—	8	2011	—	1	2057	—	3	2103
1967	—	1	2012	—	1	2058	—	1	2104
1968	—	4	2013	—	13	2059			2105
1969	1	1	2014	—	3	2060	—	3	2106
1970	—	15	2015	—	3	2061			2107
1971	—	2	2016	—	3	2062	—	3	2108
1972	—	3	2017	—	1	2063	—	3	2109
1973	—	4	2018	—	29	2064	—	3	2110
1974	1	5	2019	—	2	2065	—	6	2111
1975	—	1	2020	—	7	2066	—	4	2112
1976	—	2	2021			2067	—	5	2113
1977	1	3	2022	—	1	2068	—	2	2114
1978			2023			2069	—	1	2115
1979	—	4	2024	—	10	2070	—	1	2116
1980			2025	—	4	2071	—	1	2117
1981			2026			2072	—	7	2118
1982	—	4	2027	—	18	2073	—	10	2119
1983	—	1	2028			2074	—	4	2120
1984			2029	1	1	2075	—	1	2121
1985a	—	2	2030	—	29	2076	—	—	2122
1985b			2031	—	6	2077	—	5	2123
1986	—	—	2032	2	17	2078	—	3	2124
1987	—	2	2033	—	10	2079	—	5	2125
1988	—	3	2034	—	10	2080	—	15	2126
1989	—	1	2035			2081	—	1	2127
1990	—	3	2036	—	24	2082	—	1	2128
1991	—	3	2037			2083	—	6	2129
1992	—	7	2038	2	21	2084	—	4	2130
1993	—	2	2039	2	5	2085	—	1	2131
1994	—	1	2040	—	16	2086	—	2	2132
1995	—	2	2041	—	16	2087	—	10	2133
1996	—	1	2042			2088	—	1	2134
1997	—	2	2043	1	—	2089	—	—	2135
1998	—	2	2044			2090	—	5	2136
1999	—	1	2045			2091	—	4	2137
2000	—	4	2046	—	6	2092	—	3	2138
2001	—	27	2047	2	8	2093	—	4	2139
2002	—	4	2048		3	2094	—	21	2140
2003	—	3	2049	—	3	2095	2	8	2141
2004	—	4	2050	—	5	2096	—	16	2142
2005	—	5	2051	—	2	2097	—	8	2143
2006	—	3	2052		5	2098	1	—	2144
2007	—	2	2053	—	17	2099	—	24	2145
2008	—	4	2054	—	5	2100	2	8	2146
2009	—	5	2055	—	2	2101	—	17	2147

13

Nummer	Rt.	ngl	Nummer	Rt.	ngl	Nummer	Rt.	ngl	Nummer	Rt.	ngl
2148	—	6	2193	—	1	2238	—	2	2284	2	2
2149	—	8	2194	—	8	2239	—	2	2285	—	12
2150	—	6	2195	—	10	2240	1	25	2286	—	12
2151	—	1	2196	—	6	2241	—	10	2287	—	15
2152	—	2	2197	—	5	2242	—	6	2288	—	10
2153	—	2	2198	—	6	2243	1	8	2289	—	7
2154	—	4	2199	—	10	2244	1	29	2290	—	2
2155 u. 56	—	1	2200	—	2	2245	—	3	2291	—	10
2157	—	—	2201	—	1	2246	—	16	2292	—	12
2158	—	6	2202	1	6	2247	2	—	2293	—	7
2159	1	8	2203	—	2	2248	—	6	2294	—	2
2160	1	15	2204	—	3	2249	—	3	2295	—	1
2161	—	28	2205	—	16	2250	—	27	2296	—	1
2162	—	13	2206	—	4	2251	1	10	2297	—	5
2163	—	5	2207	—	4	2252	—	6	2298	—	14
2164	—	3	2208	—	2	2253	—	3	2299	—	3
2165	—	3	2209	—	2	2254	—	3	2300	—	3
2166	—	2	2210	—	1	2255	—	10	2301	—	1
2167	—	2	2211	—	2	2256	—	5	2302	—	1
2168	—	5	2212	1	2	2257	—	2	2303	—	1
2169	—	1	2213	1	2	2258	—	3	2304	—	1
2170	—	1	2214	—	9	2259	—	1	2305	—	2
2171	—	1	2215	—	9	2260	—	1	2306	—	2
2172	1	24	2216	—	6	2261	1	5	2307	—	2
2173	—	10	2217	—	2	2262	—	9	2308	—	1
2174	—	3	2218	1	2	2263	—	8	2309	1	5
2175	—	2	2219	—	12	2264	—	7	2310	—	2
2176	—	1	2220	—	1	2265	—	8	2311	—	2
2177	—	2	2221	2	17	2266	—	1	2312	—	1
2178	—	3	2222	—	27	2267	1	3	2313	—	4
2179	—	1	2223	—	19	2268	—	8	2314	—	2
2180	—	1	2224	—	19	2269	—	2	2315	—	1
2181	—	1	2225	—	24	2270	—	2	2316	—	2
2182	—	5	2226	—	11	2271	—	2	2317	—	1
2183	1	4	2227	—	9	2272	—	3	2318	1	20
2184	—	3	2228	—	5	2273	—	10	2319	—	2
2185	—	3	2229	—	8	2274	—	2	2320	—	5
2186	—	3	2230	1	22	2275	—	1	2321	—	1
2187a	—	4	2231a	—	9	2276	—	2	2322	—	6
2187b	—	3	2231b	—	4	2277	—	4	2323	—	10
2188	—	4	2232	1	20	2278	—	2	2324	—	5
2189	—	3	2233	—	10	2279	—	20	2325	—	8
2190	—	3	2234	—	10	2280	—	7	2326	—	1
2191a	—	2	2235	—	6	2281	—	6	2327	—	1
2191b	—	—	2236	—	2	2282	—	4	2328	—	6
2192	1	6	2237	—	2	2283	—	3	2329	—	—

Nummer	Rt.	ngl	Nummer	Rt.	ngl	Nummer	Rt.	ngl	Nummer	Rt.	ngl
2330	—	1	2376	—	8	2422	1	7	2468	—	4
2331	—	8	2377	—	1	2423	—	26	2469	—	—
2332	—	1	2378	—	1	2424	—	12	2470	1	3
2333	1	13	2379	—	1	2425	—	9	2471	—	26
2334	—	7	2380	—	2	2426	—	1	2472	—	2
2335	—	2	2381	1	2	2427	1	5	2473	—	1
2336	—	1	2382	1	10	2428	—	25	2474	—	4
2337	—	4	2383	—	4	2429	—	15	2475	—	1
2338	—	8	2384	—	3	2430	—	9	2476	—	1
2339	—	3	2385	—	3	2431	—	9	2477	—	1
2340	—	1	2386	—	5	2432	—	6	2478	—	1
2341	—	3	2387	—	2	2433	—	5	2479	—	1
2342	1	5	2388	—	1	2434	—	3	2480	—	1
2343	—	21	2389	—	5	2435	—	2	2481	—	1
2344	4	12	2390	—	3	2436	—	4	2482	—	1
2345	3	12	2391	—	4	2437	—	5	2483	—	1
2346	2	12	2392	—	1	2438	2	12	2484	—	1
2347	—	11	2393	—	20	2439	—	6	2485	—	2
2348	—	2	2394	—	2	2440	—	4	2486	1	5
2349	—	2	2395	—	1	2441	—	6	2487	1	2
2350	—	11	2396	—	1	2442	—	7	2488	—	4
2351	—	8	2397	—	2	2443	2	16	2489		
2352	—	7	2398	—	1	2444	—	—	2490	—	3
2353	—	5	2399	—	1	2445	—	1	2491		
2354	—	14	2400	—	1	2446	—	1	2492	—	8
2355	—	15	2401	—	3	2447	—	6	2493	—	8
2356	—	2	2402	—	1	2448	—	12	2494	—	2
2357	—	1	2403	—	—	2449	—	12	2495	—	2
2358	—	16	2404	—	1	2450	—	5	2496	—	1
2359	—	6	2405	—	7	2451	—	5	2497	—	3
2360	—	5	2406	—	3	2452	—	4	2498	1	4
2361	—	6	2407	—	2	2453	—	1	2499	—	27
2362	1	5	2408	—	3	2454	—	2	2500	—	1
2363	—	15	2409	—	3	2455	—	15	2501	—	1
2364	—	3	2410	—	2	2456	—	6	2502	—	1
2365	—	8	2411	—	1	2457	—	6	2503	—	2
2366	—	5	2412	—	—	2458	—	1	2504	1	4
2367	—	4	2413	1	2	2459	—	5	2505	—	7
2368	—	2	2414	2	15	2460	—	2	2506	—	6
2369	—	1	2415	—	4	2461	—	4	2507	—	3
2370	—	1	2416	—	4	2462	—	2	2508	—	1
2371	—	1	2417	—	—	2463	—	2	2509	—	—
2372	—	3	2418	—	10	2464	—	4	2510	—	—
2373	—	3	2419	—	10	2465	—	2	2511	—	1
2374	—	3	2420	—	1	2466	—	1	2512	1	
2375	—	8	2421	—	1	2467	—	1			

15

Nummer	Rd.	ngl	Nummer	Rd.	ngl	Nummer	Rd.	ngl	Nummer	Rd.	ngl
2513	—	1	2559	—	12	2605	—	6	2654	—	6
2514	—	1	2560	—	11	2606	—	8	2655	—	14
2515	—	1	2561	—	4	2607	—	6	2656	—	12
2516	—	5	2562	—	—	2608	—	6	2657	—	11
2517	—	8	2563	—	2	2609	—	3	2658	—	2
2518	—	8	2564	—	10	2610	—	6	2659	—	2
2519	—	6	2565	—	1	2611	—	8	2660	—	3
2520	—	1	2566	—	1	2612	—	11	2661	—	2
2521	—	1	2567	—	29	2613	—	7	2662	—	1
2522	—	1	2568	1	5	2614	—	20	2663	—	2
2523	—	12	2569	—	2	2615	—	3	2664	—	—
2524	—	29	2570	—	—	2616	—	6	2665	—	25
2525	—	2	2571	—	2	2617	—	3	2666	1	2
2526	—	—	2572	1	5	2618	—	3	2667	—	8
2527	—	1	2573	—	1	2619	—	12	2668	—	20
2528	—	4	2574	—	1	2620	—	5	2669	—	19
2529	—	1	2575	2	—	2621	—	6	2670	—	4
2530	—	—	2576	—	14	2622	—	3	2671	1	3
2531	1	20	2577	—	5	2623	—	12	2672	—	7
2532	—	15	2578	—	6	2624	—	3	2673	—	4
2533	—	3	2579	—	6	2625	—	1	2674	—	1
2534	—	3	2580	—	3	2626	—	3	2675	—	6
2535	—	1	2581	—	3	2627	—	20	2676	—	2
2536	1	1	2582	—	6	2628	1	10	2677	—	2
2537	1	4	2583	—	6	2629	1	10	2678	—	21
2538	—	20	2584	—	3	2630	—	6	2679	—	1
2539	—	11	2585	—	3	2631	—	6	2680	—	1
2540	—	3	2586	—	16	2632	—	3	2681	—	6
2541	—	8	2587	—	13	2633			2682	—	10
2542	—	2	2588	—	7	2634			2683	1	—
2543	—	2	2589	—	4	2635	—	5	2684	1	—
2544	—	2	2590	—	3	2636			2685	—	1
2545	1	4	2591	—	5	2637			2686	—	5
2546	—	11	2592	—	5	2638	1	4	2687	1	3
2547	—	10	2593	—	6	2639	1	5	2688	—	4
2548	—	10	2594	—	3	2640	1	1	2689	—	14
2549	—	4	2595	—	3	2641	—	4	2690	—	2
2550	1	1	2596	—	2	2642	—	4	2691	—	3
2551	—	9	2597	—	16	2643	—	4	2692	—	3
2552	—	4	2598	—	6	2644	—	13	2693	—	1
2553	—	6	2599	—	3	2645	—	8	2694	—	4
2554	—	4	2600	—	5	2646	1	4	2695	—	1
2555	—	4	2601	—	14	2647	1	2	2696	-1	5
2556	—	1	2602	—	6	2648-51	1	2	2697	—	1
2557	1	4	2603	—	6	2652	2	—	2698	2	12
2558	1	4	2604	—	5	2653	1	12	2699	2	12

Nummer	Rd	ngl	Nummer	Rd	ngl	Nummer	Rd	ngl	Nummer	Rd	ngl
2700	—	11	2746	—	5	2792	—	3	2838	—	3
2701	—	4	2747	—	1	2793	—	2	2839	—	1
2702	—	5	2748	—	2	2794	—	—	2840	—	5
2703	2	1	2749	—	2	2795	—	3	2841	—	1
2704	2	16	2750	—	2	2796	—	18	2842	—	7
2705	2	—	2751	—	2	2797	—	2	2843	—	6
2706	—	8	2752	—	3	2798	—	4	2844	—	5
2707	—	12	2753	—	1	2799	—	4	2845	—	3
2708	—	6	2754	—	3	2800	—	4	2846)		
2709	—	3	2755	—	24	2801	—	3	2847(		
2710	—	3	2756	—	24	2802	—	3	2848	—	2
2711	—	1	2757	—	22	2803	—	3	2849(		
2712	—	21	2758	—	10	2804	—	1	2850)		
2713	1	—	2759	—	2	2805	—	11	2851	—	1
2714	1	1	2760	—	6	2806	3	5	2852	—	1
2715	—	16	2761	—	5	2807	—	2	2853	—	5
2716	—	6	2762	—	2	2808	—	4	2854	—	7
2717	—	5	2763	1	—	2809	—	3	2855	—	2
2718	—	5	2764	—	8	2810	—	6	2856	—	3
2719	—	6	2765	—	8	2811	—	16	2857	—	3
2720	—	1	2766	—	3	2812	1	12	2858	—	7
2721	—	1	2767	—	2	2813	—	4	2859	—	7
2722	—	2	2768	—	4	2814	—	3	2860	—	2
2723	1	3	2769	—	12	2815	—	3	2861	—	2
2724	—	25	2770	—	3	2816	—	1	2862	—	2
2725	—	7	2771	—	3	2817	—	25	2863	—	4
2726	—	15	2772	—	1	2818)			2864	—	19
2727	—	12	2773	—	1	2819)			2865	—	12
2728	—	2	2774	—	—	2820(			2866	—	3
2729	—	3	2775	—	2	2821'	—	4	2867	—	6
2730	—	2	2776	—	29	2822(			2868	—	6
2731	—	2	2777	—	19	2823)			2869	—	1
2732	—	3	2778	—	16	2824)			2870	1	8
2733	—	1	2779	—	2	2825	—	22	2871a	—	6
2734	—	1	2780	—	3	2826	—	4	2871b	—	6
2735	—	4	2781	—	3	2827	—	3	2872	—	4
2736	1	3	2782	—	16	2828	—	12	2873	—	4
2737	—	5	2783	—	1	2829	—	2	2874	—	10
2738	—	8	2784	—	3	2830	—	2	2875	—	10
2739	—	9	2785	—	2	2831	—	4	2876	—	3
2740	—	1	2786	—	3	2832	1	—	2877	—	2
2741	—	3	2787	—	4	2833	—	5	2878	—	1
2742	—	4	2788	—	1	2834	-	3	2879	—	6
2743	—	7	2789	—	2	2835	—	1	2880	—	3
2744	—	9	2790	1	—	2836	—	1	2881	—	2
2745	—	7	2791	—	16	2837	—	1	2882	—	25

17

Nummer	Re.	ngl	Nummer	Re.	ngl	Nummer	Re.	ngl	Nummer	Re.	ngl
2883	—	11	2929	—	2	2975	—	3	3021	—	2
2884	—	1	2930	—	16	2976	—	3	3022	—	3
2885	—	2	2931	—	20	2977	—	2	3023	—	2
2886	—	1	2932	—	5	2978	—	2	3024	—	2
2887	—	1	2933	—	1	2979	—	1	3025	—	12
2888	—	1	2934	—	1	2980	—	2	3026	—	20
2889	—	21	2935	—	1	2981	1	3	3027	1	22
2890	—	6	2936	—	1	2982	—	5	3028	—	15
2891	—	2	2937	—	1	2983	—	5	3029	—	11
2892	—	2	2938	—	1	2984	—	2	3030	—	3
2893	—	—	2939	—	1	2985	—	3	3031}		
2894	1	4	2940	—	1	2986	—	2	3032}	—	3
2895	—	9	2941	2	2	2987}	—	4	3033}		
2896	—	2	2942	1	—	2988}			3034	—	10
2897}	—	3	2943	—	13	2989	—	21	3035	1	10
2898}			2944	—	6	2990	—	2	3036	1	2
2899	—	7	2945	—	4	2991	—	1	3037	1	—
2900	—	3	2946	—	1	2992	—	1	3038	—	5
2901	—	4	2947	—	1	2993	—	1	3039}		
2902	—	4	2948	—	2	2994	—	2	3040}	—	5
2903	—	4	2949	1	4	2995	—	—	3041}		
2904	—	2	2950	—	28	2996	—	1	3042	2	29
2905	—	16	2951	—	2	2997	—	1	3043	—	12
2906	—	16	2952	—	1	2998	—	9	3044	1	2
2907	—	16	2953	—	1	2999	1	1	3045	—	8
2908	—	4	2954	—	1	3000	—	8	3046	—	18
2909	—	2	2955	—	1	3001	—	4	3047	—	13
2910	—	2	2956	—	1	3002	—	2	3048	—	13
2911	—	2	2957	—	1	3003	—	1	3049	—	7
2912	—	2	2958	—	1	3004	—	24	3050	—	2
2913	—	3	2959	—	4	3005	—	1	3051	—	2
2914	—	1	2960	—	2	3006	—	3	3052	—	17
2915	—	4	2961	—	1	3007	—	4	3053	1	20
2916	—	1	2962	—	4	3008	—	3	3054	1	15
2917	—	21	2963	—	1	3009	—	3	3055	—	2
2918	—	9	2964	—	—	3010	—	7	3056	—	2
2919	—	2	2965	—	1	3011	—	9	3057	—	16
2920	—	4	2966	—	21	3012	—	8	3058	1	—
2921	—	5	2967	—	4	3013	—	12	3059	—	4
2922	—	9	2968	—	4	3014	—	4	3060	—	4
2923	—	5	2969	—	3	3015	—	2	3061	—	2
2924	—	4	2970	—	3	3016	—	2	3062	—	4
2925	—	4	2971	—	2	3017	—	12	3063	—	1
2926	—	2	2972	—	1	3018	—	8	3064	—	1
2927	—	4	2973	—	1	3019	—	8	3065	—	4
2928	—	2	2974	—	1	3020	—	8	3066	—	1